日経文庫
NIKKEI BUNKO

ビジネスのための
調査・リサーチ入門

広瀬安彦

日本経済新聞出版

はじめに

本書をお手に取っていただき有難うございます。

私はこれまでに何度か本を書く機会を頂いていますが、いつも「一歩だけ早くその世界に足を踏み入れた者ならでは」の、「使い勝手のよい手書きの見取り図」の書き手でありたいと思っています。

ご存じの通り、世の中に出回っている本の多くは、明確な定義や他との境界などがないものを、どうにかして理解してもらい、読者が直面する問題の解決に役立ててもらおうとするものです。

そして調査・リサーチは、そのような本のテーマとして、これ以上ないものだと思っています。

本書は、ビジネスの世界における調査・リサーチについての「解説パート」と、筆者が実際に経験したリサーチプロジェクトの内容をもとにした「物語（小説）パート」が、交互に登場する構成にしています。これにより、調査・リサーチの実務を、よりリアルに感じていただけるようになると考えております。

第1章では、リサーチと調査という言葉を独自に定義し、質的調査の代表的な方法であるインタビュー調査と、量的調査の代表的な方法であるアンケート調査の違いと、それぞれの特性を明確にすることで、どのような場合に、どちらの調査方法を選ぶべきかを明らかにしています。

第2章では、質的調査の代表的な方法であるインタビュー調査の解説と、実際のリサーチプロジェクトにおいて、どのように調査が進められていくのかを描いています。

第3章では、量的調査の代表的な方法であるアンケート調査の解説と、実際のリサーチプロジェクトにおいて、どのように調査が進められていくのかを描いています。

第4章では、実際にビジネスの世界において、リサーチプロジェクトを円滑に進めていくために、忘れてはならない10のポイントを提示しています。

本書を書き終えて思うのは、本を執筆する仕事は、「旅」に似ているということです。十分に計画して目的地を訪れたつもりでも、思わぬアクシデントや発見があり、思いもよらない場所に立ち寄ることにもなりました。

そして、旅の終着地で胸に去来したのは、本書を書き上げるために、どれだけ多くの方々に、どれだけ多くのものを与えられてきたのか、という実感と、それに伴う感謝でした。

そのようにして出来上がった本書が、調査・リサーチという旅の入り口に立つみなさまの、使い勝手のよい見取り図になることを祈っております。

2024年10月

野村総合研究所
広瀬安彦

ビジネスのための調査・リサーチ入門　目次

第3章 アンケート調査の実際 117

第4章 ビジネスのためのリサーチ10箇条(まとめ) 157

第1章

調査・リサーチの基本

1　全てはリサーチクエスチョンからはじまる

調査とリサーチの違い

「調査」と「リサーチ」。同じことを意味する言葉に思えますが、調査はちょっとした調べもののような気軽なものがイメージされ、リサーチは「研究」と訳されることが多いように、入念に調べることや、調べたものを幾重にも重ねて分析することがイメージされるのではないでしょうか?

実は調査とリサーチの間には、厳密な区分けがある訳ではありません。所属する業界や会社・団体などによって「どこまでが調査、どこまでがリサーチ」という範囲や、その意味するところがかなり違っているのが実情なのです。

ですが、社会に出ると誰でも一度くらいは「ちょっと調査（もしくはリサーチ）してみてよ」と上司などから指示されることがあるでしょう。この「ちょっと」という言葉がかなり曲者で、指示した人が「ちょっと調べれば全てが明確になるだろう」と、その難易度を甘く見積もっていたり、そもそも無理な注文だったりということがよく起こります。この場合、指示を受けた人は、誰も出口の分からない（もしくは出口自体がない）迷路に放り込まれたような、悲劇的な状況に陥ります。

そのような状況を避けるためには、「リサーチクエスチョン（＝問い）」を最初に考え、指示を出した人などと、あらかじめ合意しておく必要があります。リサーチクエスチョンとは、「何を明らかにしようとしているのか」を問うものです。本書ではリサーチを「分野や大小を問わず、何かを明らかにしようとする活動」、調査を「リサーチをするための手段」と定義して話を進めます。

問い・仮説・顧客の3つの視点

リサーチクエスチョンは「問い」のことですが、もう少し分かりやすく言うと、「どうして○○は××なのだろうか？」という、何かを調べるきっかけとなる根源的な疑問のことです。「どうして空は青いのだろうか？」などと率直に不思議さを感じ、思わず口にしてしまうその疑問が、リサーチの出発点なのです。ちょっとした仕事のリサーチであろうが、ノーベル賞を獲るような大研究であろうが、全てがそのように単純な疑問からはじまることに変わりはありません。好奇心を持ち、あらゆることに、あらゆる方向から問いを持つことが、リサーチの第一歩なのです。

問いを持てば、自ずとその疑問に対する答えを探したくなってしまうものです。しかし、明確な答えが分からない状況でも、何かしら答えのようなものを出さなければならない場合には、あてずっぽうで「多分、こうじゃないだろうか」という「自分なりの答え」を、人は捻り出そうとします。

このまだ不確かな、答えになりきっていない柔らかいものは「仮説」と呼ばれ、問い（リサーチクエスチョン）と同様に、リサーチの出発点となるものなのです。「どうして空は青いのだろうか？」という問いを持った人が「空の色は、空気の中に含まれている何かしらの物質と、光が当たる方向が関係しているのではないか」という仮説を立てたとします。その問いと仮説のセットがあってはじめて「空気に含まれている酸素や窒素の量と、光を当てる角度を変えて実験してみよう」というリサーチの手段（＝調査）を考え出すことができるのです。

リサーチをするにあたり、もう一つ重要な要素が「顧客」です。純粋な学問と違って、ビジネスの世界では、リサーチをするためのお金や時間をかける対価としての「実利」が求められます。つまり「リサーチの結果、誰が、どのように得をするか」ということです。この「実利を求めている誰か」にあたるのが顧客です。顧客という言葉を聞くと、会社や組織の外にいて、商品やサービスを買ってくれる人がイメージされますが、ここで言う顧客は、リサーチをした結果で実利を得る全ての人を指します。

また、ビジネス上のリサーチでは、売上を増やすこと、またはコストを下げることにどれだけ繋がる（もしくは繋がりそう）かということも、厳しく求められるのです。

ミッション1　適切な問いを立てよ

青山隆二は、大手ITサービス企業に勤務する中堅のシステムエンジニア（SE）だ。入社してから10年あまり、数々のシステム開発プロジェクトに従事し、プロジェクトのリーダーを任せられるまでになった。しかし、今後もシステム開発に携わり続けて会社人生を終えることに、疑問を持ちはじめていた。

「永い人生で職歴がSEだけってのは、どうなんだろう?」

ちょうどその時、目に入ったのが、人事部が社内公募制度を案内するメールだった。その中で募集がかけられている一つの職種に目が留まった。

「募集職種:広報スタッフ」

「業務内容:広報およびブランディングのためのリサーチ」

青山は大学時代、経営学を専攻しており、テレビ番組に頻繁に出演する教授の研究室の出身だった。熱心な学生だったとは口が裂けても言えないが、その教授が企業ブランドの研究の大家であることくらいは覚えていた。ITサービスを生業とする会社だから、同僚たちのほとんどは理系出身であり、経営学部出身の青山は稀有な存在だ。

「俺のための募集かも」

青山は社内公募のエントリーシートを人事部から取り寄せ、学生時代に学んだことを必死に思い出し、もっともらしい自己PRを書き上げた。

エントリーシートを提出してすぐに、人事部から広報担当の役員との面接がセットされた。面接は終始和やかな雰囲気で進み、半年後に広報部へ異動する辞令が出た。

4月になり、意気揚々と新たな所属部署に出向いた青山の眼前に、ボサボサ頭で昔気質の研究者といった風貌の野沢浩平が、ヨレヨレのワイシャツを第2ボタンまで外して立っていた。

「よう、新入り」

野沢は有名な外資系コンサルティング会社から鳴り物入りで転職してきたが、ITコンサルティング部署に配属された。

そのまさに初日に上司と激しい口論をしたという、いわくつきの人物だった。そのため部署ですっかり浮いてしまい、また転職を考えていたところ、例の社内公募制度を使って、青山より一足先に広報部に異動してきていたのだ。

「ちょっと先に異動してきたからって、偉そうに……」

そう青山はつぶやきながら、野沢を言いたいことを何も気にせずに言う、噂通りの人物だと思った。

青山の会社は、企業や官公庁といった法人のみを顧客とする、いわゆるBtoB企業だ。一般消費者を顧客とするBtoC企業と比べると、テレビCMなどの目立った広報活動を積極的に行っていないこともあり、業界大手であるがゆえに社名こそ有名だが、何を生業としている会社なのか、一般消費者の認知度は低かった。加えてITサービスという専門的で分かりにくい業態も、認知度の低さを助長していた。

今後、ビジネスを拡大するにあたり、サービスの認知度の低さはネックになることから、広報機能の拡充が急務であった。つまり、社内公募で示された「広報およびブランディングのためのリサーチ」というミッションは、野沢と青山だけで一から取り組むべきものだった。

何もないところから、仕事を創り上げられることに、青山の心は、かつてないほど奮い立っていた。システム開発の仕事はやりがいがあったが、先人達が既に創り上げたシステムに、ちょっとした新機能を付け加えることや、たまに起こる不具合に対処する保守メンテナンスが業務の大半だったからだ。仕事を一から創り上げるというクリエイティブな要素は、皆無だったのだ。

青山の大学時代の恩師は企業ブランド研究の権威だが、その中でもレピュテーションという企業の評判の研究で有名だった。企業のブランド価値を高める活動はブランディングと呼ばれているが、ブランドの価値というものは一朝一夕に高まるものではない。その企業に対する良い評判などが長年積み重なって、ようやく確立するものだ。一方、レピュテーションは、マスコミの報道やインターネットの書き込みなどによって、絶えず変動し続けている。

企業のブランド価値の研究や、リサーチ会社などが発表する企業ブランドのランキングやスコアは数多くあれど、企業のレピュテーション（好ましい評判）そのものの研究などは極めて少ないことを青山は知っていた。広報活動の歴史が浅く、企業ブランド調査のランキングの下の方にかろうじて登場するようなこの会社であれば、レピュテーションという言葉も、それがどのように調査できるのかも、知る人は少ないだろう。青山は野沢に第一歩としてレピュテーションを調査してみることを、自信満々に進言してみた。

「全然ダメだな」

「え？　何がダメなんですか？」

「いろいろダメだが、第一にリサーチクエスチョンがない」

「リサーチクエスチョン？」

「何だ、そんなことも知らないのか」

野沢は大学で講義でもするかのように、ホワイトボードに汚い文字を書きなぐりながら、リサーチクエスチョンについて説明をはじめた。

「いいか？　ウチの会社のレピュテーションを調査するというのは、目的じゃない。手段だ。必要なのはレピュテーションを調査することではなく、何を明らかにしたいのか、ということだ。そもそも、このリサーチの客は誰なんだ？」

「いえ、ウチの会社の顧客のためにリサーチする訳ではないので……」

「そんなことは分かってる！　俺が言いたいのは、ウチの会社の誰が喜ぶのかってことなんだ。大体、会社の評判が知りたきゃ、マンションの一部屋借りてやってるような会社に、結婚式のご祝儀程度の金でも渡しゃあ、大喜びでSNSとかに書かれているウチの会社の書き込みなんて、これでもかってバカみたいに集めて、綺麗にまとめて報告してくれるよ。そんなもん、クソの役にも立たねぇんだよ」

言いたいことを言うだけでなく、口も悪いなと思いながら、青山は興奮した野沢の話を黙って聞いていた。

システム開発の世界には、顧客の要望を整理してまとめる「要件定義」と呼ばれる開発の前段階がある。不特定多数の顧客にサービスを提供するシステムであれば、想定顧客を設定し、顧客が望みそうなことを想像し、開発メンバーで議論しながら要件を固めていく。リサーチクエスチョンとは、この要件定義に近いものだと青山は理解した。

2　フレーミングとグラウンディング

フレーミングとは

リサーチクエスチョン（問い）を立てるためには、まずリサーチの成果によって実利を得ることができる人たち（顧客）を想定して、リサーチの結果「おそらく○○は××であることが分かるはずだ」という仮説を立てます。そして大まかに「こうやって、こういうことを調べよう」という手段を仮決めします。そうすることによって、リサーチの対象や範囲などが自ずと定まってきます。この一連の流れがフレーミングです。

たとえば、あなたの会社が日本中にある道路標識の鉄柱を、簡単に補強できる技術を開発したとします。そこで「日本中にある道路標識の鉄柱の何割かは、補修を必要としているだろう」という仮説を立ててから「道路標識の補修が必要となる何かしらの基準を、国などが定めていないか調べてみよう」「日本の道路に道路標識の鉄柱が何本あるか、警察庁にヒアリングしてみよう」というような「大きな的《まと》」を、ひとまず作ってみることがフレーミングなのです。的だからと言って、厳密で正確なものである必要は全くありません。むしろ多少粗削りでも「それが分かればすごい／面白い」といった「ワクワク感」の方が重要なのです。

フレーミングでは、顧客の実利を高めることはもちろん、実利を得ることができる顧客の範囲を広げることも重要になってきます。道路標識の補修技術の例で言えば、その技術を売りたい会社だけではなく、技術を導入することで補修が楽になる工事事業者や、税金の支出を抑えることができる国や地方自治体、安全に暮らすことができる一般消費者といった、様々なステークホルダー（利害関係者）がいるはずです。そのようなステークホルダーが喜ぶことを想像しながら、リサーチの内容を「膨らませる」こともフレーミングの重要な要素なのです。

グラウンディングとは

フレーミングが、リサーチ内容の魅力を高めるために、できるだけ「風呂敷を広げる」作業だとしたら、グラウンディングは、リサーチが現実的に実行可能になるように「風呂敷を畳む」作業だと言えます。何かしらのリサーチをしようとする際には必ず、現実的にどうすることもできない制約が出てきます。たとえば、情報が公開されていなかったり、調べることが法律で禁じられていたり、といったことです。

グラウンディングとは、リサーチの手段としての調査が現実的に「何を、どこまでできるのか」を明らかにすることであり、できないのであれば、代替となる手段を考えることなのです。

たとえば、ビジネス上のリサーチであれば、競争相手であるライバル企業が、内部の情報を明かしてくれることは、まずありません。だからと言って、現在その企業に勤めている人にお金を払い、営業上の秘密などを聞き出してしまうと、違法行為になってしまいます。そこで、その企業を退職した人に、退職時に秘密保持などの誓約した内容を確認したうえで、適切な範囲に絞って聞き出すのであれば、内容によっては許されることがあるかもしれません。

このように実際にできることや、現実的な「落としどころ」を探る作業がグラウンディングだと言えます。

リサーチの制約として、忘れてはならないのが、予算（＝お金）と期間（＝時間）です。そのリサーチにどれだけお金がかけられるかが制約になることは「言わずもがな」ですが、手の込んだことをしようとすれば、お金だけでなく、思ったより時間がかかってしまいます。どれくらいの期間で結果を出さなければならないリサーチなのかを勘案し、調査方法などを決めていくのも、グラウンディングの重要な要素なのです。

ミッション2　目標を絞り込め

青山は汚い文字で「リサーチクエスチョン」と書かれたホワイトボードの文字を眺めていた。

興奮が冷め、椅子にもたれかかった野沢がつぶやいた。

「レピュテーションの調査って、どんな質問をすれば分かるもんなんだ？」

「その会社の商品やサービスを買いたいと思うか、とか、人に勧めたいと思うか、みたいな質問ですね」

「人に勧めたい、ってのはマーケティングの調査でもよく見るな。確か推奨意向ってやつだったかな」

「へえ」

「じゃあ会社の評判であるレピュテーションってやつは、どうすりゃ上げられるんだ？」

「そうですね……。大まかには、会社が提供している商品やサービスの品質が高いって、顧客に認められて評判になるか、会社の存在が世の中の役に立ってるって、多くの人に思われるかのどちらかでしょうね」

「なるほど。つまり、コンサルティングやシステム開発のような事業活動そのもので評判を上げるか、広報活動を頑張るか、どっちかってことだな？」

「はい」

「だったら、事業活動自体の評価は、リサーチの対象から外した方がいいな」

野沢の言う通り、コンサルティングやシステム開発のプロジェクトが終了すると、顧客にサービスの満足度を尋ねる、いわゆるＣＳアンケートを実施することが、業界の通例になっている。それがあるのに、わざわざ広報部としてサービスの満足度調査を、さらに実施しなければならない理由などない。

言いたいことを自由に言っているように見えて、いろんな角度からいろんなことを確認しているのだな、と青山は思った。野沢の発言は、一見脈絡がなく、発散的だが、そのおかげで、様々な視点から、様々な気づきを得ることができる。そのことで、今はまだ漠然としているが、今後自分たちがやるべきリサーチの輪郭が、段々と浮かび上がってくるように思えた。システム開発関連の会議が、必要最低限の発言しか許されず、粛々とシステマティックに進んでいくのとは大違いだ。これがリサーチャーやコンサルタントのテクニックの一つなのだろう。

「今の客も対象から外した方がよさそうだな」

「どうしてですか？」

「だって、評判が悪いと思っていたら、そもそもウチに仕事なんか頼まないだろ」

「確かに」

「だから対象はウチに仕事を依頼したことがない、いわば潜在顧客だ。その人たちがウチの広報活動を受けて、それをどう評価して、その結果、レピュテーションが上がってるかどうかってことだな」

「おお」

「見えてきたな、リサーチクエスチョンが」

青山は、野沢の切れ味鋭いフレーミングに驚きと興奮を覚えながらも、この先待ち受けているであろう困難を想像せずにはいられなかった。

青山が入社して間もない頃、会社の設立何十周年かを記念して、当時の社長の鶴の一声で、テレビコマーシャルを作ったことがある。有名な映画俳優が会社名を連呼するだけのチープな内容だけでなく、莫大な予算が大手広告代理店に支払われたことに、怒りを隠さない社員が多かった。さらに追加費用を払って実施した会社の好感度調査では、テレビコマーシャルの放送前よりスコアが下がってしまったという体たらくであった。

青山がシステム開発の現場にいた頃の、広報部をはじめとする本社スタッフ部門に対するイメージは、「俺たちが稼いだ金を税金のように自動的に吸い上げ、つまらないことに使うやつら」だった。そんな青山だからこそ、広報部に与えられた予算を現場に役立つように有効に使いたいという思いが強かった。

しかし、いざ自分が広報部の一員となってみると、やりたいこと、できそうなことは無限に浮かんでくるものの、リサーチをどのように進めていけばいいのか、具体的な方法がはっきりしないばかりか、現場にとってはどうでもよい、無駄なことをしてしまいそうで、言いようのないもどかしさにさいなまれていた。

せめてリサーチの目標をきちんと見定めるための基準があれば、そう思いながら、青山はホワイトボードを睨んでいた。

「考えてることが顔に出てるぞ」

野沢が、いたずらっぽく笑いながら言った。

「とっておきを教えてやるよ」

3　グラウンディングのための基準：SMART

ビジネスシーンでよく用いられるSMARTとは

リサーチだけに限らず、ビジネスなどの目標を決めるためのフレームワークに「SMART

基準」と呼ばれるものがあります。このSMART基準の「SMART」とは、「痩せている」という意味でも「賢い」という意味でもなく、Specific（具体的な）、Measurable（測定可能な）、Achievable（実現可能な）、Relevant（妥当な）、Timely（適時な）の頭文字を取ったものです。

Specific（具体的な）は、目標が具体的で、誰にとっても分かりやすいものであるか、という基準です。たとえば「会社の業績を良くしろ」と言われても、単に売上だけを上げればよいのか、コストをカットして利益率を高めればよいのか分かりません。「売上○%アップ」「コスト○%カット」というように、目標は具体的で誰とでも「誤解なく」共有できるものである必要があります。

Measurable（測定可能な）は、目標が共通の尺度で確認することが可能かどうか、という基準です。数値やスコアなどで客観的に測定することができれば、目標が達成できたかどうかや、達成までにどれくらいかかりそうかという進捗《しんちょく》を確認することができるのです。

Achievable（実現可能な）は、目標が現実的に達成することが可能なものかどうかという基準です。夢や理想が膨らみすぎて、目標が現実離れしてしまうことは、よくあることです。そうならないためには、現実として横たわっている制約や条件、取り得る手段を全て棚卸しして、その目標が達成可能なものなのか、冷静に検討してみる必要があるのです。

Relevant（妥当な）は、最終的な目的とマッチした、妥当な目標であるかどうかという基準です。たとえば、ある会社の営業組織が「新規顧客数を増やすこと」を目標に掲げたとします。しかし、その会社の売上の大部分は既存顧客からの売上であり、販売にかかるコストを下げて利益率を増大させることが、会社としての一番の関心事だったとしたら、その目標は会社の経営方針とは整合しておらず、妥当性を欠いたものになってしまいます。会社や組織の大方針と関連性が高い（Related）ことが求められるということです。

Timely（適時な）は、タイミングや時間的な制約が、きちんと織り込まれている目標になっているかということです。加えて、きちんと期限が定められているか（Time-bound）ということも重要になります。

SMART基準を使うメリット

SMART基準でリサーチの目標を設定すると、大まかに3つのメリットが生まれます。

1つ目のメリットは、目標を達成するまでのステップやロードマップ（道筋）が描きやすくなるということです。ステップやロードマップを描くことで「いつまでに」「誰が」「何を」「どれくらい」やるのかということを明確にすることができます。

2つ目のメリットは、リサーチのプロジェクトが上手く進んでいるかどうかが分かるようになることと、リサーチした結果が顧客にとって有用なものであるかどうかが判断できるようになることです。客観的に測定できる基準をあらかじめ作っておくことで、プロジェクト自体がどれくらい捗《はかど》っているのかという進捗度が分かります。また、評価基準を作っておくことで、各ステップおよび最終的な成果のレベルを測ることができるのです。

3つ目のメリットは、「今どのステップにいて」「何を目指しているのか」が明確になるため、プロジェクト（チーム）内でコミュニケーションが取りやすくなることです。

SMART基準は、プロジェクトを成功に導くために、必要なものなのです。

ミッション3　しっかりした仮説を作れ

野沢が提示してくれたSMART基準のおかげで、青山は現場にとって的外れの広報活動を展開せずに済みそうな気がしてきた。しかし、「潜在顧客に対して、こういう広報活動をすれば会社の評判を上げられるのでは？」という仮説は浮かばないままだった。

テレビコマーシャルの手痛い失敗があり、マスメディアを使った派手な広報活動は鳴りを潜めているが、誰が見るのか分からない会社のイメージビデオや、小難しい専門用語ばかりが躍るパンフレットなど、現場にとっては無駄としか思えないものが、まだ沢山残されていた。

そんな中、唯一まともだと思えるものが、会社のホームページ上で最新のIT用語などを分かりやすく解説する「コラム」だった。生活に馴染みのある商品やサービスを持たないBtoB企業は、一般消費者から社名などを知られることはほとんどなく、法人相手の専門的な業務内容も理解されにくい。そこでリサーチャーとコンサルタントが、ニュースで面白おかしく取り上げられはじめているものの、ちゃんと意味を理解している人の方が少ない「バズワード」を、専門的な知見に裏付けて丁寧に解説しているのだ。

通常であれば、名も知らない企業のホームページに一般消費者が訪れることは、まずない。だが、今、世の中を賑わせている用語の解説であれば、インターネットの検索を通じて呼び込むことができるのだ。加えてインターネット広告を使えば、その用語に興味があるユーザーを特定して広告を出すことまでできる。

しかし、インターネットの活用には、一般消費者のプライバシー保護の問題がつきまとう。インターネットの検索後に表示される広告などのコンテンツは、ユーザーが使っているインターネット閲覧ソフト（ブラウザ）の個体番号のようなもの（クッキー）と、ユーザーが今まで見てきたコンテンツの履歴情報が組み合わさったものが「勝手に使われて」表示されているのだ。欧米ではこのことが「個人情報の不正利用」にあたると問題視され、規制がはじまっている。実際に自分の情報が「どこからか漏れている」「勝手に使われている」と感じるユーザーが多いのだ。

そうなると、一般消費者としての感じ方、考え方、事前知識などによって、同じコンテンツの受け取り方が、かなり変わってくるはずだ。

「つまり、コンテンツだけじゃなく、インターネットそのものに対しての態度で、結果が変わるんじゃないか、ってことだな」

「はい」

青山が懸念しているのは、元々の考え方などによって回答が分かれるものは、その理由がある程度特定できていないと、共通の調査項目に落とし込むことが難しいということだ。たとえば、インターネット上の情報は全て疑わしいと思っているユーザーは、どんなコンテンツを見ても深く信用することはないだろう。無断で個人的な情報が使われ、よく知らない会社のホームページに誘引されてきたのなら、なおさらだ。もし「このコラムを読んで、コラムを提供しているこの会社の好感度は上がりましたか?」と質問されたとして、元々インターネットのコンテンツに対してどのような印象を持っているのかということや、どのような経緯でコンテンツ(コラム)を読むに至ったのかということが特定できていなければ、仮に好感度が上がったと答えた人が多かったとしても、それがコラムの影響だとは言い切れないのである。

「先に、しっかりした仮説を作った方がよさそうだな」

「一体どうやって?」

「質的な調査方法を使うんだよ」

野沢の眼光が鋭くなった。

4　調査方法の種別

量的調査と質的調査の違い

リサーチの手段である調査の方法は、大まかに2つのタイプに大別されます。それは「量的調査」と「質的調査」です。

量的調査の代表例は、アンケート調査です。アンケート調査では、調査の対象となる集団全体（母集団）に対し、これだけの人数を調査すれば統計的に問題ないとされる人数（サンプル）を集めて調査をします。アンケートの設問は、全ての対象者に共通（回答によって分岐）しており、決められた順番で直線的に回答することが求められます。回答された情報は、一切欠けることなく網羅され、全て均一に集められます。

それに対して、インタビュー調査に代表される質的調査は、「これが知りたい」という調査する側の関心に沿っており（関心相関）、その目的が遂げられる（合目的）のであれば、調査対象は少ない人数でも問題ないとされています。加えてインタビューの設問は、インタビュ

図表1-1：量的調査と質的調査の違い

	量的調査（アンケート）	質的調査（インタビュー）
サンプル数	多い	少ない
設問	共通	半構造化
実施プロセス	直線的	螺旋的
データ収集	網羅・均一	合目的・関心相関

ーガイドなどである程度の枠は決められているものの、その枠の範囲内でインタビュー対象者の反応を見ながら、柔軟かつ臨機応変に質問の仕方や順番が変更されていくものです。この特徴から、半構造化インタビューと呼ばれています。また、「手を変え品を変え」同じような質問を「螺旋《らせん》的に」何度も繰り返ししたりもします。

質的調査に向いているテーマ

では、量的調査と質的調査は、どのように使い分ければよいのでしょうか？　例を出して説明します。

筆者が卒業した大学には「銀杏《いちょう》伝説」というものがありました。大学のキャンパスの入り口に立派な銀杏並木があり、4月に入学した新入生で、その銀杏の葉が全て散る11月下旬くらいまでに恋人ができなかった人は、卒業するまで恋人ができないという、いわゆる「都市伝説」です。筆者が大学に入学したのは、元号が昭和から平成に変わったばかりの大昔ですが、この銀杏伝説は、令和になった今でも、まことしやかに囁《ささや》かれているのです。

この銀杏伝説が根も葉もない迷信であると「量的に」証明したい場合には、「銀杏伝説は統計的に間違いである」という仮説を立てて、それを証明します。具体的には、11月下旬までに恋人ができなかった新入生の集団を「統計的に問題ない人数で」集め、4年後の卒業式で「一度も恋人ができなかったかどうか」を質問すればいいだけです。おそらく、多くの人が入学した大学1年生の12月以降に恋人ができたと回答するでしょうから、その数値をもって、銀杏伝説が統計的に間違いであることが証明できるのです。

それでは、「どうして今でも銀杏伝説を信じてしまう人がいるのだろうか？」というリサーチクエスチョンに対しては、みなさんなら、どのような仮説を立てるでしょうか？

その人が、元々、迷信や噂話を信じやすい人だからでしょうか？　それとも、信頼できる人から聞いたからでしょうか？　その話を聞いた時の精神状態やタイミングなども関係がありそうじゃないですか？

人間が迷信などを、合理的な根拠がないにもかかわらず信じてしまうような現象は、様々な要素や条件が組み合わさっており、そもそも数値などで量的に証明することが難しいのです。

人間が何かを信じてしまう過程のように複雑な状況や条件などが組み合わさった、仮説を立てることすら難しい一連のプロセスを調べるために、インタビュー調査をはじめとする質的調査が活用されます。逆に回数やスコアなどの数値や、「はい／いいえ」「できた／できなかった」で回答できるような「ある一時点での状態」を尋ねることができるのであれば、すでに仮説ができていることの方が多いでしょう。

何かしらの仮説がある場合は量的調査で「仮説を検証する」、仮説すら思い浮かばないのであれば質的調査で「仮説を生成する」というのが、リサーチの世界では一般的なのです。

ミッション4　柔らかい仮説からはじめよ

野沢の説明で、量的調査と質的調査の違いは分かったが、果たして何から手をつけたらよいものかと、青山は思案していた。

「何でもいいんだよ」

青山の心を見透かすように野沢が言った。

「目の前に丸太の木が沢山置いてあったとしよう。その中で一番、家を建てるのに適した木を調べろ、って言われたら、何とか調べられるよな？　だって、実際に目の前にモノがあるんだから。何かを計測したり、比較したりできるからな」

「そうですね」

「じゃあ、ある山の中で家を建てるのに一番適した木が、どの辺に生えていそうか調べなさい、って言われたら、何からはじめる？」

「そうですね……。まずは、その山に生えてる木で、実際に家を建てた人を探しますかね。あとは日当たりとかを見るんですかね……。思い付きですけど」

「思い付きでいいんだよ」

「そうなんですか？」

「そうだ。何か手掛かりになるようなことを知っていそうな人に聞く、本や文献を調べる、実物を観察する、思い付いたことは、とりあえず何でもやってみようとするんだよ」

図表 1-2：量的調査と質的調査のアプローチの違い

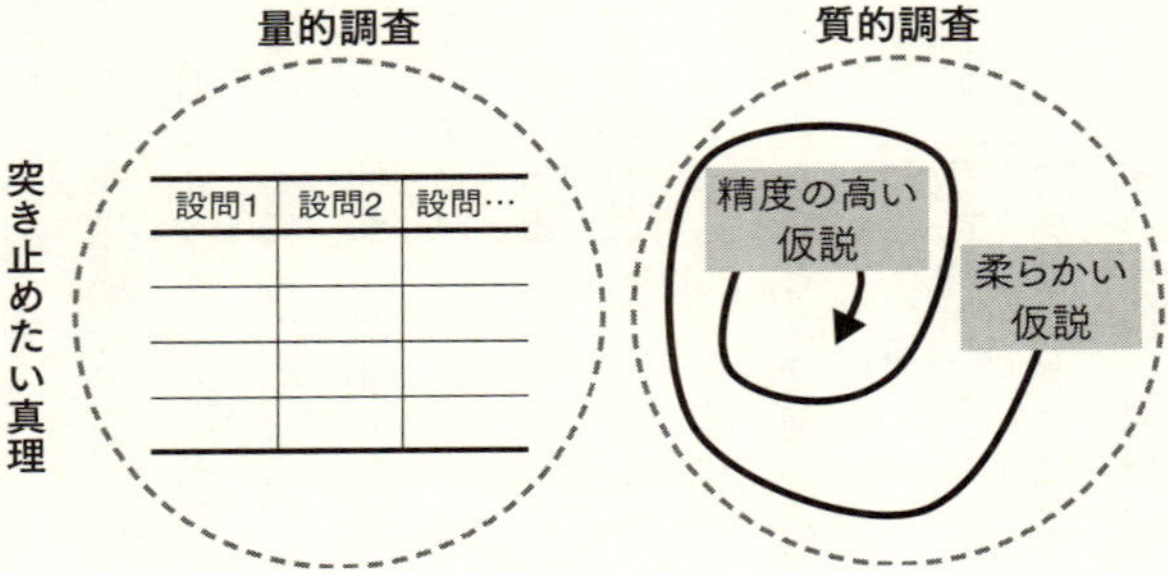

量的・質的にかかわらず、調査というものは、リサーチクエスチョンとその周辺にあるものに対して興味を膨らませ、興味の赴《おもむ》くままに、まずは動こうとする姿勢が重要だと青山は知った。

ただ、調べるべきことがはっきりしており、「この調査項目を一気に調べ切れば、物事の真理が分かる」という量的調査とは違い、質的な調査は「おそらく〇〇だろう」という「柔らかい仮説」から出発して、分かったことから、調査項目などを柔軟に変更・調整しながら、仮説をより精度の高いものにブラッシュアップしていき、螺旋階段を降りるように真理に近づいていくイメージだそうだ。

青山は野沢がホワイトボードに書いた汚い絵を見ながら、リサーチの世界の入り口に佇《たたず》んでいた。

5　ベースとなっている科学観の違い

異なる研究思想

量的調査と質的調査の違いについて、何となく理解していただけたでしょうか？

実は学問の世界では、専《もっぱ》ら量的な研究をする研究者のグループと、質的な研究をする研究者のグループとに、はっきりと二分されています。筆者のように両方を組み合わせて研究をする研究者は、ほとんどと言ってよいほど存在しません。

なぜなら、量的調査の研究者と質的調査の研究者では、科学に対する「根本的な思想」つまり「科学観」が違っているからです。

研究者の圧倒的なマジョリティである量的調査の研究者、そして世の中の人のほとんどは、この世に「客観的な基準」というものが存在していると考えています。客観的な基準の代表例は、長さや重さといった「共通の単位で表せるもの」です。共通の基準を共有できているからこそ、大きな建物や機械などを、多くの人たちが共同作業（コラボレーション）で成し遂げることが可能になり、そのおかげで科学や文明は発展してきました。

一方、質的調査の研究者は「世の中に客観的な基準なんてものは存在しない」と考えて研究を進めます。長さや重さといった単位のように、世の中のほぼ全ての人が基準として確立しているものですら、「そう思っている人の数が多いだけで、真理かどうかは分からない」と考えます。つまり、世の中にある全ての事象を戦略的に「疑ってかかる」のです。

そういうスタンスを取るからこそ、一見しただけでは分からない複雑な事象を解き明かすような「精度の高い仮説」が得られると言えます。

質的研究で「隠れた構造」を見つける

質的研究の代表例に、優れた人材育成の仕組みを持つアフリカの「服の仕立屋」の研究があります。

この仕立屋は、年齢がバラバラの子供を徒弟（弟子）として預かって、短期間で一人前にすることに定評がありました。その秘訣を解き明かすために、インタビューや観察という質的調査が用いられたのです。

仕立屋の弟子である子供たちは、最初のうちは大した仕事を任せられませんが、掃除係など仕立屋の仕事全般を俯瞰《ふかん》して見ることができるポジションを与えられます。それによって服が出来上がるまでの一連の工程を理解し、将来どのように仕事を「する／したい」といったことが明確になっていました。次にボタン付けやアイロンがけなど、単純作業でやり直しがきくものでありながら、最終的かつ重要な工程を任されます。そのことで完成品である服が全体としてどのように見えるか、どんな形をしているべきかといった知識を学ぶことができていたのです。

このように、複雑で数量的に解き明かすことが難しい「隠れた構造」を見つけ出せることが、質的調査の特長だと言えるでしょう。

ちなみに、あまり知られてはいませんが、インタビューなどで得られた日常的に使用される言葉によろうが、数量的な方法によろうが、世の中の現象を構造化することは可能だとする考え方（科学観）もあります。なぜなら科学は、現象を説明・理解し、予測や制御に繋がるような構造（モデル）を追求する営みに他ならないからだ、という訳です。だから全てのリサーチ・調査は、実施する人間の目的や関心、知識などに応じて自由に選択してよい、ということなのです。

ビジネス上のリサーチに限って言えば、科学観の話自体に深入りせず、「仮説を得やすいのは質的調査」「仮説を検証しやすいのは量的調査」と理解しておけば、この段階では十分です。

ミッション5　質的調査と量的調査の違いを説明せよ

「アンケート調査とインタビュー調査で、根本的な思想が違うなんて、思いもしませんでしたよ」

「そりゃそうだろうな」

「やっぱり思想の違いを意識しながら調査を進めないとダメなんですよね？」

「と言うより、分析した結果を説明しようとする時に、量的調査と質的調査の違いが分かっていないと、後々困ったことになるだろうな」

野沢が言うには、アンケート調査に代表される量的調査の結果は、同じ対象者や調査方法など、全く同じ条件であれば、後で誰がやっても、全く同じ結果にならなければならない、という「再現性」が求められるとのことだ。再現性があることの最も分かりやすい例が、数学や科学の公式である。

一方、インタビュー調査に代表される質的調査の方は、その必要がない。なぜなら、インタビュー対象者全員に共通することであっても、インタビューしたタイミングで、話してくれたり、そうでなかったりするためだ。質的調査には、量的調査ほどの厳密さが求められない代わりに、現象の複雑な構造や関係性を、分析の結果を使って詳しく説明できるという「説明可能性」が求められるということである。

「学者の中には、インタビュー調査そのものを否定する人たちもいるくらいだからな」

「どうしてですか？」

「科学的じゃない、と思ってるからだろうな」

「科学？」

野沢の話によれば、人間の記憶はそもそも曖昧であり、目の前で何か出来事が起こったタイミングや状況で、認識が分かれることも多々ある。そのように「どうとでもあり得る」ような過去の記憶や認識を「テキトーに」語ってもらったところで、科学的な根拠にはならないと、一部の学者は考えているようだ。

「ただな、曖昧な記憶や認識でも、科学的に役立つことがあるんだ」

「どういうことにですか？」

「たとえばメンタルを病んでいる人は、健康な人と違って正しい判断がしにくいよな？　だから医者の指定した薬や治療法を使ってくれないことが実際にあるんだ。使ってくれない理由を知るためには、その患者の認識が科学的に正しいか間違ってるか、なんてことは全く意味がなくて、どういう認識だから、指定した治療法を使ってくれないのかを、まず知る必要があるよな？」

「そうですね」

「だから患者の認識は全て正しい、というスタンスで話を聞く必要があるんだよ。そうすることで、必要な薬や治療法を使ってもらうために、どの部分の認識を改めてもらう必要があるかが、やっと探れるようになるって訳だ」

「なるほど」

心理的な療法や介護などに関わる人たちは、患者の行動や思考を「内側から理解する」視点が求められるらしい。その視点が人の認識の違いなどによる複雑な現象を分析して「説明可能性」を高めることに役立つのだと青山は理解した。

「ビジネスの世界も学問の世界と一緒で、客観的な判断ができるものしか信じない人は多いからな。ウチのように、理系出身が幅を利かせてる会社は特にそうだ。ビジネス上のリサーチでは、そういう理由で仮説を生み出すためにインタビューのような質的調査を使いました。仮説の検証は量的調査でやります、って説明できれば、とりあえずは大丈夫かな」

6　質的調査の定番：インタビュー調査

インタビュー調査の概要

インタビュー調査は、対象者にインタビューワーが直接話を聞くことによって、調査に必要なデータを取得する方法です。アンケート調査のように「設問を固定せず」、インタビューの対象者の反応などを見ながら、大枠は守りつつ柔軟に設問の内容を変えていくことから、半構造化インタビューと呼ばれることもあります。

インタビュー調査の特徴は、その「インタラクティブ性」にあると言えます。つまり、インタビューワーとインタビュー対象者との共同作業（コラボレーション）によって、調査に必要なデータを創り上げていけることです。実際にインタビューをしていると、今まで気付かなかった視点を得るなどの「新たな発見」が、インタビューワーとインタビュー対象者の双方にあります。そのような発見を、インタビューをしている限られた時間の中で、「なるべく多く」「なるべく豊かに」できるかが、成功の鍵になります。

単独インタビューとグループインタビュー

インタビュー調査は、インタビューワーとインタビュー対象者が一対一で行う「単独インタビュー」と、インタビューワーが司会進行をしながら、複数名を対象に行う「グループインタビュー」という方法に大別できます。

単独インタビューは、個室でインタビューワーとインタビュー対象者の二人きりで行うことがほとんどのため、「深い話」を突っ込んで聞けるというメリットがあります。このことから、英語の深さ（デプス）という言葉を取って「(イン) デプスインタビュー」と呼ばれることもあります。

グループインタビューは、インタビュー対象者が複数いるため、対象者が多い場合には、インタビューワーの他に、書記などのアシスタントがおかれることもあります。グループインタビューは、一人ずつインタビューしていかなければならないという単独インタビューの効率の悪さを克服できることに加え、他のインタビュー対象者の発言に触発されて全体の発言数や質が増すという相乗効果も期待できることから、商品開発などのマーケティング用途で重用視されているのが現状です。しかし、インタビュー対象者の発言が発散したり、一部の対象者だけに発言が偏《かたよ》ってしまったり、話し合いが停滞してしまったり、といった問題が起こった際に対処できる高度な調整（ファシリテーション）スキルが求められることから、自社では行わず、そのようなスキルを持った専門家に業務を依頼する企業がほとんどです。

インタビュー調査は、どうしてもインタビューワーの経験やスキルによって質に差が生じてしまうため、企業が自社の社員を使って実施する場合には、単独インタビューが現実的な手段になるでしょう。

ミッション6　質的調査の科学観を理解せよ

「インタビュー調査って、どうすれば上手くなれるんですか？」

「それは話を聞き出すのが上手いインタビューワーになりたいって話か？　それともインタビューした結果をまとめるのが上手くなりたいって話？」

「どっちもです」

「まず、上手いインタビューワーになりたいなら、ダウンロードしながら話を聞くのをやめることかな」

「ダウンロード？」

「そう。インタビューに限った話じゃないが、人の話を聞いてると、昔聞いた似たような話を思い出したり、それと関連付けたりしながら話を聞いちゃうことがあるだろ？」

「はい」

「それをやめるんだよ」

「どういうことですか？」

「つまり、余計なことは一切考えず、聞いた話もその場で一切解釈せずに、ひたすら聞くことに集中するんだよ」

何でも、野沢は過去にカウンセリングを習っていたことがあり、カウンセリングの最中は、そのような姿勢でいることが求められるということだった。一旦、自分の価値判断基準などは脇に置き、しっかりとカウンセリングする相手の話を聞くことは「傾聴《けいちょう》」と呼ばれているらしい。傾聴を意識し始めたことで、野沢は自分の視点ではなく、インタビュー対象者の「内側からの視点」で物事が見えてくるようになったということだった。

「インタビュー中に何かを考えながら話を聞いてると、大切な話を聞き逃して、その場で突っ込んだ追加の質問ができなくなるし、他の事を考えながら話を聞いてる奴って、そもそも感じが悪いし」

「なるほど。じゃあインタビューした結果の分析の方はどうですか？」

「そうだな……。正直、言葉のセンスが問われる世界だな」

「センス？　才能ってことですか？」

「ああ。新聞の見出しや広告のキャッチコピーなんかを作っている人間は、何でこんな複雑なものを、バチっと一言で言い表せるんだ？　って思ったことはないか？」

「ありますね」

野沢の話によれば、インタビューした結果などを分析する質的研究者の中には、明らかになった構造や隠されていたプロセスなどを、「その人ならではのユニークな視点で」「人の心に響くようなインパクトのある言葉で」表現できる人が多いそうだ。それが元々持っている才能によるものなのか、経験を積み重ねたからなのかは分からないが、データを粘り強く見続けていれば、ある程度は近づくことができるらしい。

「あとは説得力のあるモデルを作れることかな」

「モデル？　化学や物理とかで出てきた、ああいったものですか？」

「形は近いかな。ただ、俺たちが顧客にサービスを提案する時に描くポンチ絵に毛が生えた程度のもんだな。そんなもんが、世紀の大発見みたいな感じで、もっともらしく論文に載ってたりするからな」

「そうなんですか」

「まぁ、学会にもよるけどな。俺の知り合いなんかは、10人程度にインタビューして、その結果でモデル図を作って論文に載せようとした人がいたんだけど、『それはモデルではない！

仮説モデルだ！』って論文を審査した大先生から怒られたって人がいるんだ」

「それが科学観の違いってやつですか」

「そうだな。大先生にとっては、たかだか10人にしかインタビューしてないのに、それを図にまとめただけのものを、モデルなんて言ってくれるなよ、って話なんだろうな」

「なるほど」

「まあ、ビジネスの世界で、それがモデルなのか、まだ仮説なのかの違いが問われることは、まずないと思うがな」

7　量的調査の定番：アンケート調査

アンケート調査の概要

アンケート調査は、対象者に調査票（アンケート用紙）に書かれた設問に回答してもらうことによって、調査に必要なデータを収集する方法です。インタビュー調査とは違い、「設問を完全に固定して」実施するのが大原則です。

アンケート調査の特徴は、その「客観性」にあると言えます。つまり、「○○という考えの人が対象者の中で○%いる」といった事実を数値で示すことができるため、信頼性と説得力が高いのです。アンケートの回答者を、統計的に問題ない人数で集めているのであれば、なおさらです。

ですが、信頼性と客観性を担保するためには、設問の内容が適切なものである必要があります。つまり、回答者にとって分かりやすく簡潔な設問を用意しなくてはならないということです。たとえば「この広告の分かりやすさと好感度についてどう思いましたか？」という設問があった場合、回答者は「分かりやすさ」か「好感度」のどちらを、どれくらいの比重で回答してよいか分かりません。このように回答者を惑わせてしまうような設問は避けなくてはなりません。加えて、設問文が長すぎると、何を質問されているのか分からなくなってしまったり、回答しようとする意欲を失ってしまったりすることもあるため、注意が必要です。

また、設問や選択肢の偏りによって、回答者の回答内容が誘導されてしまうという「バイアス」が発生しないように注意することも忘れてはなりません。たとえば「汚れがよく落ちると評判のこの洗剤を、使ってみたいと思いますか？」という設問があったとしたら、回答者は「汚れがよく落ちるという評判」が先にインプットされた状態で「使ってみたいかどうか」を判断することになるため、「使ってみたい」という方向に回答が誘導される確率が極めて高いと言わざるを得ません。

回答者を「迷子にさせないこと」と「特定の方向に誘導しないこと」がアンケート調査には求められているのです。

主流となるインターネット調査

ビジネスでの調査だけにかかわらず、世の中のアンケート調査のほとんどは、インターネット調査に置き換わっています。ひと昔前までは、インターネット調査の回答者である「パネル」は、パソコンを日常的に使う特殊な層であり、最初からバイアスが発生していると思われていました。

しかし現在、スマートフォンの急激な普及により、老若男女問わず、誰もがインターネットを使うようになりました。インターネットへのアクセスも、いわゆる「パソコンオタク」

と呼ばれるような特殊な人たちだけではなく、誰もが日常的に行うようになっています。その結果、アンケート調査会社などが抱えるパネルの人数が爆発的に増え、パネルの質が平準化され、「道行く一般的な人たち」に回答してもらった場合と比べても、ほとんど回答の質に差がない状態になっています。

加えて、楽天やＬＩＮＥなど、数多くの会員を抱える「プラットフォーマー」と呼ばれるインターネット関連事業者がアンケート調査をサービスとして展開し始めたことにより、企業としてではなく一般人としても利用できるくらいの価格（内容にもよりますが数万円から数十万円）でサービスが受けられるような「価格破壊」が起こっているのです。

ですから、企業の人事部などの特定の対象者に、調査用紙を郵送して返送してもらうような場合を除いて、インターネット調査以外の方法は、ほとんどなくなっているのが現状なのです。

ミッション７　顧客の役に立て

「アンケートの設問をはじめて作る時、答えにくいものだったり、誘導的だったりするものを作ってしまいそうで怖いんですけど」

「インタビュー調査と違って、アンケート調査はインターネットにお手本が腐るほど転がってるから、それを参考にしてみな」

　野沢の話によれば、官公庁や信頼できる研究機関によるアンケート調査は、結果だけではなく、用いた設問や調査用紙そのものも公開されていることが多いらしい。その公開されている調査用紙の中にある設問をそのまま営利目的で使うことには問題があるが、自分が調査したいと思うものに近いアンケート調査の調査用紙を複数見比べてみると、どういう設問を考えるべきかという大枠が見えてくるとのことだ。

「アンケート結果の分析は、やっぱりモデル化するべきなんですよね？」

「いや、そうとも限らない。もちろんモデル化したり、数式を示したりすることも多いけどな」

「モデル化しないなら、他にどういう方法があるんですか？」

「単純にあるグループとあるグループの差を見せるだけで、顧客を満足させられる場合もある」

「どういう場合にですか？」

「俺の知り合いがやっている広告の効果測定サービスはな、パネルを3千人以上抱えていて、毎日、どんな広告を見たか、何を買ったかを全て回答させているんだ」

「すごいですね」

「それだけで、テレビコマーシャルの効果があったか、なかったかが分かるんだ」

「どうしてですか？」

「たとえば缶コーヒーのメーカーが、ある一定期間、全国的にテレビコマーシャルを流していて、その効果が知りたかったとするよな」

「はい」

「パネルが3千人もいりゃあ、そのテレビコマーシャルを見た人も、缶コーヒーを買った人もいるよな」

「そうですね」

「じゃあテレビコマーシャルを見て缶コーヒーを買ったと回答した人と、コマーシャルを見ていないのに缶コーヒーを買ったと答えた人の数を単純に比較するだけで、どれくらいコマーシャルが缶コーヒーの売上に貢献してそうか大体分かるよな」

「コマーシャルを見ていないのに缶コーヒーを買っている人の方が多かったら、コマーシャルは無駄だったのかもしれない、ってことですね」

「その通りだ。缶コーヒーのパッケージが魅力的で、店頭で見て欲しくなった、なんて裏付けられれば完璧だな」

要は必ずしもモデル図や数式である必要はなく、実際に顧客に役立つ形になっていれば、分析結果の形式は問われないのだ。

そもそも量的研究がモデル図や数式を作ることに偏重しており、それらに実用性がなく、実社会に役立っていないことの批判を受けて、質的研究が発展してきた歴史があるとのことだ。

青山は研究方法そのものに明るい野沢と共に、リサーチのプロジェクトを立ち上げ、進めていけることに興奮を覚えた。

8　仮説・モデル・理論

立場によって異なる定義

どういったものを、どういった条件で「仮説」「モデル」「理論」とする、といった定義は、実は世の中で決まっているものはありません。「おそらく、こうではないのか？」という程度の柔らかいものが仮説、その仮説がデータなどによって裏付けられ、図や数式で表すことができるようになったものがモデル、そのモデルが広く世の中に知られ、公式として教科書などに載りはじめると理論になる、というのが一般的な流れです。

しかし、この流れは、「世の中にある全ての事象は、客観的な基準によって捉えることができる」という量的な科学観がベースになっています。なので「10人程度にインタビューしてまとめたものなんか、モデルと呼べるか！」という批判になってしまうという訳です。量的調査の研究者の質的調査に対するアレルギー反応といったところでしょうか。

学術研究の世界では、一つのモデルを発表するのも一苦労なのです。

図表1-3：仮説・モデル・理論の一般的な理解

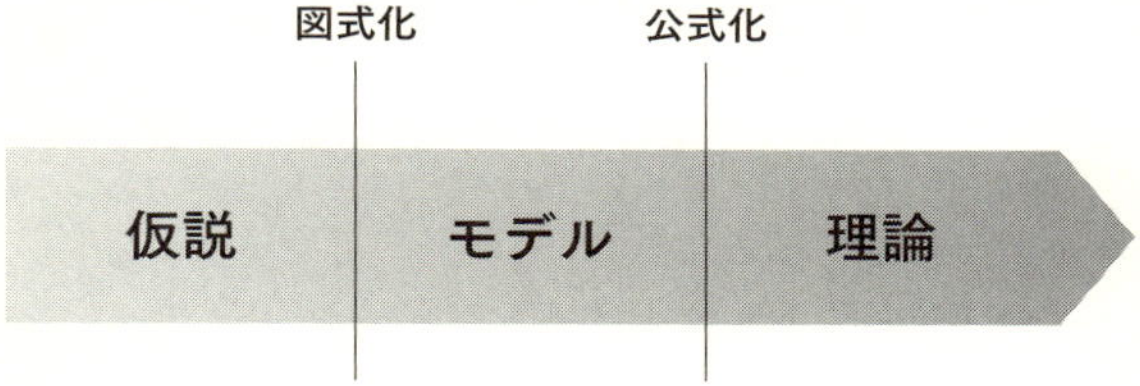

理論と実践論の違い

ビジネスの世界では学会に発表されるなど、学術的な裏付けがなくても「○○理論（モデル）」として広く使われているものがあります。データを使って仮説が十分に検証されていないにもかかわらず、実務の場で使われているような理論的なものは「実践論」と呼ばれています。

ここで言いたいのは、理論の方がよいもので、実践論が粗悪なものということではありません。学術的な裏付けがしっかりととられている理論も、実務の場で広く使われている実践論も、世の中の役に立っているという点に変わりはないのです。

ビジネスのリサーチで求められている仮説やモデルは実践論に近いものですが、学術的な理論のように厳密である必要はありません。それがデータや事実の裏付けがきちんとあり、顧客が納得するようなレベルに達しているのであれば、問題ないと言えるでしょう。

第2章

インタビュー調査の実際

1 インタビュー調査に適したテーマ

量的でないものが対象

インタビュー調査に代表される質的調査ですが、実は明確な定義がある訳でも、ましてや量的調査との明確な線引きがある訳でもありません。強いて言うのであれば「量的なもの」以外を対象とすることくらいなのです。つまり、調査した結果を数値のみで表すことができるものや、個別に事実や行動などを観測するだけで済むものは、質的調査の対象にしないということです。

たとえば、有名な日本の文学作品には、こんなワンシーンがあります。物語の登場人物である息子を亡くしたばかりの母親は、息子の恩師にそのことを知らせに来た際、涙一つ見せずに気丈にふるまっていましたが、膝の上に置かれた手には、これ以上ないくらいギュッと強くハンカチが握られている、というお話です。

もし、この出来事を量的に調査しようとするのであれば、何秒もしくは何kgの握力でハンカチが握られていたか、という客観的な事実として測定できるもののみが、調査の対象となります。

一方、質的調査では、観測した事実をきっかけに、その行動や態度の背景にある感情や価値観といった「人間の内面とセットで」探ろうとします。もし、この母親を対象にインタビュー調査をするのであれば、すでに明らかになっている日本人の母親のあり方などを手掛かりに、なぜそのような行動や態度になっているのかが明らかになるように質問を考え、インタビューをしながら理由を探っていくことになるのです。

そこで重要になってくるのは、インタビュー対象者を「自分と切り離して客観的に」観察するのではなく、「同じ立場に立って」理解しようとする視点です。調査と聞くと、世の中にある何かしらの基準とどれだけ「合っているか」「違っているか」といったことを確認しにいくようにイメージしてしまいがちですが、それは量的な調査に限られたことなのです。

質的調査は、複雑な状況の中で、観察や測定が可能なものだけでなく、人々の「内面的な現実の変化」をできる限り高い精度で描こうとするものです。だからこそ、学術的な研究などでは十分に明らかにされていない事象を明らかにするための手掛かり（仮説）を得るのに向いているのです。

客観的に観測できるもの以外に焦点を当てる

量的調査の根本には、「世の中にある事象は全て、ある一時点に固定して観察・測定することができる」という考え方（科学観）があります。だからこそ、世の中には客観的な基準となるものが存在し、その基準に則《のっと》った数学や化学などの公式に当てはめれば、同じ条件の下で結果は全く同じになる、という考え方になります。この考え方は「客観主義」・「実証主義」と呼ばれます。

一方、質的調査の根本には、「世の中の事象には一時点で把握できる客観的な基準というものは一切なく、人々がそれぞれ主観的に解釈して、合意されたものがあるだけ」という考え方があります。この考え方は「構築主義」・「解釈主義」と呼ばれます。

これらの考え方は、どちらが「良い」「悪い」というものではなく、すでにある仮説を検証するためなのか、仮説自体を作るためなのかという「目的に応じて使い分けるべきもの」と考えてください。家を建てるのに使えそうな木自体を森の中から見つけて斧で切り倒すのが質的研究だとすれば、切り倒された木から建材として使える部分だけをノコギリやカッターナイフで細かく切り出すのが量的研究、というイメージでしょうか。

意外に思われるかもしれませんが、割と最近まで、人の心を理解するための学問である心理学でも、量的、つまり実証的な調査のみが行われていた時代がありました。1990年代に入るまで、人間の知性や心の動きなど、よく分からないものを研究の対象から「戦略的に」除外して、実際に観測が可能な人間の行動のみに着目していたのです。この考え方の中心となっていたのは、好ましい行動には賞（ご褒美）を与えればその行動が強化され、反対に罰を与えれば好ましくない行動が抑制されるという「条件反射」です。その考え方で実際に人間の行動が、かなりの部分で理論的に説明が可能になったのです。

その後、人間の知性をコンピューターで実現しようとする「人工知能」の研究が進むにつれ、人間の思考パターンを徹底的に解析してコンピューターに記憶させても、コンピューターは人間のように知的には賢くならない、ということが起こりました。そこで、人間を取り巻く環境や社会にある風習、同じ社会に生きる他者などとの関係性とその影響など、人間の知的な言動を大きく左右する事象を研究しようという考え方が盛り上がりを見せるようになったのです。

ここで重要なことは、人間の知的な行動を理解するためには、数値などで客観的に観測できること以外の部分のみに「戦略的に」焦点を当てるという、質的な考え方が加わったということです。

ミッション8　リサーチを開始せよ

青山たちのリサーチの目的は、「インターネット広告で自社のホームページにある用語解説のコラムに誘引することが、潜在顧客からレピュテーション（会社の良い評判）を獲得することに、どのように役立っているか」を明らかにすることに決まった。

インタビュー調査で「確からしい」仮説を得た後でアンケート調査を実施して、その仮説を実証する予定だ。

レピュテーションは、企業が自社の製品やサービスの独自性を生み出して、競合企業と差別化するための源泉となるものだと言われている。多くの研究者は、レピュテーションの形成が、企業の広報活動の主な目的の一つであると主張している。

また、企業がレピュテーションをマネジメントするための第一歩は、レピュテーションを評価できるようになることだと言う者もいる。

レピュテーションには「企業が価値のある成果を生み出す能力を持っているかどうかについて、ステークホルダー（顧客を含む全ての利害関係者）が抱くイメージの集積」という定義が主流となっており、その定義の下、企業の競争力を示す要素として、様々な評価システムが構築されているのだ。

しかし、「どのようなプロセスでレピュテーションが形成されるか」という研究は、残念ながら皆無に等しい。加えて、レピュテーション評価システムの対象は、一般生活者に幅広く認知された大手BtoC企業に偏っていて、認知度で劣るBtoB企業が活用できる結果が少ないのが現状だ。

また、レピュテーション評価に定番の方法がないため、BtoB企業が自社のレピュテーション評価を知るためには、独自に調査を実施しなければならない。

BtoC企業に比べて、一般生活者との接触頻度の少ないBtoB企業は、広報活動の対象を絞りにくいため、自社のインターネットサイトを通じて、自社の存在意義などを伝達することを主な手段としている企業が多い。また、一般生活者からの認知度が低く、関心の対象となりにくいという課題があるため、コスト的な負担があっても、少なからず広告を使っている。

なお、広告には発信者が専門家であれば、受け手の信頼感が向上する効果が認められていて、「広告に対する好意的な信頼性」が企業の評価を上げるという研究結果もある。青山の会社が、リサーチャーやコンサルタントといった専門家を使い、一般生活者向けの用語解説のコラムをインターネット上で公開しているのは、そういった根拠をよりどころにしているからだ。

広告で一般消費者との間に信頼関係を形成しようとすれば、情報の内容はもちろん、メディアそのものの信頼性も問われてしまう。インターネットというメディアは誰もが自由に情報発信できることから、テレビや新聞といった古くからあるメディアと比べて、受け手の信頼性が低かったが、情報を上手く選択する能力であるリテラシーが一般生活者の間で高まったこともあり、その差は他のメディアと遜色がないほどに縮まっている。接触したい対象に絞って広告を表示することができ、広告をクリックした時にのみにしか費用が発生しない費用対効果の高さから、インターネットの広告はB to B企業の有力な広告の手段になりつつある。

しかし、インターネット広告のほとんどは、第三者から提供されたクッキー（サードパーティクッキー）というインターネット閲覧ソフトの個体番号のようなものと、インターネットサイトで登録された個人の属性情報（年齢・性別・住所など）、インターネットの検索・閲覧といった行動履歴とを紐付け、広告を出すターゲットを絞って、追跡し続けていることが問題になっている。インターネットコンテンツ全般には、このサードパーティクッキーを使ったターゲティングなどにより、一般生活者に提供される情報が偏り、多様性などが失われるという「フィルターバブル問題」もある。また、サードパーティクッキーのインターネット広告への利用が個人情報の第三者提供にあたるとして、世界的に規制の動きが出ているのだ。加えて、一般生活者に広告だと気付かれない広告を出すステルス・マーケティングが横行している。

企業がインターネット広告を通じて広報活動を行うのであれば、これらの一連の問題に対応していく必要があるのだ。

なお、インターネット広告を掲載するポータルサイトや新聞・雑誌などのメディア、インターネット接続事業者、広告会社、調査会社などが加入している日本インタラクティブ広告協会は、ターゲティングやステルス・マーケティングなどにより、「ユーザーに嫌われない」インターネット広告として「ネイティブ広告」を定義して推奨規定を定めている。同協会によるネイティブ広告の定義は、「デザイン、内容、フォーマットが、媒体社が編集する記事・コンテンツの形式提供するサービスの機能と同様でそれらと一体化しており、ユーザーの利用体験を妨げない広告を指す」である。つまり、インターネット広告が掲載されるメディアの記事やコンテンツの「見出しと同じ見た目」を持ったものであれば、広告の枠内に「広告」（もしくは「PR」「AD」）と表記されていて、クリック後は「資料請求画面」や「商品購入ページ」といった別のものではなく、「見出しの内容と整合した」記事・コンテンツにリンクするものだ。

青山の会社をはじめとするITサービスの大手企業は、自社のインターネットサイトにおいて、コンサルティングやITソリューションといったサービスを通して得られた専門家の知見をもとに、潜在顧客をはじめとする一般生活者を対象とした用語解説を発信している。その中でも青山の会社だけが、サードパーティクッキーを利用せず、広告が掲載されるニュース記事などの内容と、インターネット広告、リンク先のコンテンツの内容を分析して、インターネットユーザーの興味・関心に応じたネイティブ広告を配信しているのだ。

青山たちは、自社のインターネット広告をクリックして、用語解説を読んでもらった潜在顧客を対象にインタビュー調査を実施することにした。インターネット広告をクリックする前の態度や用語解説を読んでいる最中の認識の変化を明らかにするためだ。

2　インタビュー調査につきまとう批判

インタビューの結果はデータと呼べるのか

インタビュー調査では通常、ICレコーダーなどで録音したものを、一言一句そのまま「文字起こし」してから分析を行うことがほとんどです。その理由は、インタビュー対象者が語った言葉の意図や背景、今までの経緯といった「文脈」を読み取るためだと言えます。そのためには、なるべく「その人自身の表現で」「生々しく」語ってもらう必要があります。それはインタビュー調査が、語ってもらった言葉そのものを「事実」として捉えるのではなく、「何がそれを語らせているのか」を洞察するためのものだからです。

しかし、インタビュー調査には、常につきまとう批判があります。それは、インタビューによって得られるデータは、実際に起こっていた出来事を、その場にいた人たちが事後に思い出して語ったことであることから、ビデオカメラなどで事実をそのまま正確に記録したものと比べて、どうしても正確さを欠いてしまうという批判です。加えて、そもそも人間の認識や記憶は曖昧なものだから、その曖昧なもので「ただ語っただけのもの」を、果たして調査とその分析に使うための「データ」としてしまっていいものなのか？　という批判もあります。

こういった批判に対応するためには、今まで説明してきた量的調査と質的調査の考え方と目的の違いが役に立ちます。世の中には全ての事象を計測できる客観的な尺度が存在するという量的な調査の考え方では、「その出来事を体験した調査対象者の認識と記憶が、どれくらい数値的に正確であったか」などといったことくらいしか目的にできません。一方、質的な調査では、世の中に客観的だと言えるものは存在しないという考え方であるため、「調査対象者は、その出来事を、どのように認識し、解釈したのか」といった複雑な事象を把握することを目的にできます。

また、データに人間の曖昧な認識や記憶などが含まれていたとしても、それらを少なくとも真理を突き止めるための「手掛かり」にすることくらいは出来ると言えるのではないでしょうか。

インタビュー分析に対する批判

インタビュー調査などの質的調査の分析にも、常につきまとう批判があります。それは、調査する側が都合のよい対象者とデータだけを選んで分析して、もっともらしく結論付けているのではないか、という批判です。と言うのも、質的調査には量的調査における統計的な分析のように「万国共通の」分析方法が存在しないためです。

たとえば、ある授業が学力の向上に役立っているのかどうかを調査するとします。最も単純な方法は、授業を受ける前後で学力テストを実施して、偏差値を比較することです。偏差値は平均値を50とし、それをどれくらい上回っている（あるいは下回っている）かを示す値です。だから平均点がテストごとに上下したとしても、全体でどれくらいの位置につけているのかという取った点数の価値が分かるのです。偏差値が上がっていれば、学力が上がったことを証明することができます。また、「検定」という統計の方法を使えば、テストで偏差値が上がったことが、統計（現実）的にあり得ることなのか、それとも異常値（単なる偶然）なのかも証明することができるのです。

このように量的調査には、証明したいことが明確になっていれば、それに対応する方法が存在しており、全世界で共通のものとして認識されているのです。

しかし、質的調査の分析方法は、「分析者の数だけ存在する」と言っても過言ではない状況です。つまり、分析する方法の自由度が高すぎるため、個々人で好きなようにできてしまう、という問題があるのです。これは大学などの研究機関においても状況はそれほど変わりません。新米の研究者は、教科書などに載っている方法がないため、まるで熟練した職人に弟子入りしたかのように、師匠である大学教授の身の回りの雑用をこなしながら、分析の方法という技を見て学ぶしかない、というのが実情なのです。

「この方法の通りやれば万事ＯＫ」というものがないのが質的調査ですので、調査の実施者が「私はこういう考え方で、こういう方法でやっている」という詳細を明確にして、説明できるようになっていなければならないのが、大変なところだと言えます。質的調査の界隈では「厚い記述」が必要だとよく言われます。これはアンケート調査のように沢山の調査対象者を集めて実施することが難しいので、「個々の調査対象に対する記述をなるべく多く詳細にしよう」ということや、記述した内容から調査対象の行動そのものだけではなく、行動の意味や背景といった「文脈」を説明することを試みることが必要だと言われているのです。そうすることで「分析の過程は分析者の頭の中にしかない」という批判をかわすことができるのです。

ミッション9　インタビュー調査の要諦を理解せよ

青山は、自社のインターネット広告をクリックする前後や、用語解説（コラム）を読んでいる最中の認識や態度などの変化を明らかにするために、インタビューの質問項目を考えた。

- インターネット広告全般に対して抱いているイメージや持っている知識

- インターネット広告をクリックした前後で感じたり思い出したりしたこと
- 用語解説（コラム）を読んでいる間に感じたり思い出したりしたこと
- インターネット広告をクリックする前に持っていた企業イメージ
- 用語解説を読み終わった後の企業イメージの変化

「悪くない」

野沢がプリントアウトされた質問項目を熟読した後で、そうつぶやいた。

「よかった……。でも、この質問内容で、きちんとした内容を回答してもらえるのか、正直、不安なんですよね」

「それはな、きちんとした回答を求めすぎているからだ」

「え？」

「大体、普段の日常会話なんてもんは、テレビドラマや小説みたいに、綺麗な一文になってることなんてないだろ」

「確かに」

「だから、きちんとした回答が出てこなくても、あせる必要はない。それよりも、その人ならではの、リアルな話を沢山してもらうようにするんだ」

「他に気をつけることはありますか？」

「インタビューを自分の答え合わせに使わないことかな」

「答え合わせ？」

「そうだ。インタビューする前から、答えに近い仮説を持たないってことだ。インタビュー前に、あれこれ答えっぽいものを考えすぎると、インタビューが、それを確認するだけの時間になっちまう。それは、もったいないことだ」

「もったいない？」

「インタビューの対象者が、こちらの質問に回答するだけで、いっぱいいっぱいになってしまうからな。そうなると、その対象者ならではの言葉で語ってもらうことが難しくなるんだ。こっちが思ってもいなかった言葉を、どれだけ引き出せるかが肝《きも》だな。第一、こっちに、しっかりした仮説があるなら、アンケートで確認すれば済む話だ。わざわざ手間をかけてインタビューする必要がないしな」

「なるほど」

「大学院時代に恩師に言われたんだ。インタビュー調査は対象者が語ったこと自体に価値はない。対象者本人すら気づいてないことが、どれだけ分かるかが重要だって」

野沢はカウンセリングを学んでいたことがある。相談者から話を聞いた際、いきなり一つひとつの事柄に対して、何かしらの判断をして、その都度回答するのではなく、ある程度自由に話させることで、悩みの全体像を把握することが、カウンセラーの基本的なスタンスだということだ。そして、相談者の話が途切れたタイミングで、大まかに把握できたことを「要約して」返答するらしい。そうすることで、相談者自身が自分の抱えている心理的な問題の根本が、自ら探りやすくなるということだ。

「過去の体験なんかを、対象者と一緒に記憶をさかのぼって、その時に何を思っていたのかを探っていく感じかな。本当に相づちを打ったり、分かったことを要約して確認してるだけで問題ないんだよ。大体、ICレコーダーで音声は全て記録しているんだから、何かを解釈したり判断したりするのは、後でゆっくりやればいい」

「そんな脈絡もなく、好き勝手に話してもらったことが、ちゃんと分析できるものなんですかね？」

「それが不思議とできるんだよ。後で逐語録を見返してみると『ああ、こういう意味で言ってたのか！』ってことに気づいたりするんだ。『データが語る』ってやつだ」

「データが語る？」

「そう。質的研究の大先生の言葉だよ。『頭ん中を空っぽにすれば、データ自身が語ってくれる』なんてことをおっしゃっている。つまり、データを注意深く眺めていれば、言葉の裏に隠れている人間の認識や意図みたいなもんが、浮かび上がってくるってことらしいがな」

「へぇ」

「まぁ、そんな非科学的なことを言うから、量的な研究をしている人から、アレルギーを持たれるんだろうけど」

野沢が笑いながら言った。

「非科学的だって批判されない方法って、あるものでしょうか？」

青山が心配そうに言った。

「あるには、ある」

そう言うと、野沢はホワイトボードに向かった。

3　インタビュー分析の定番「M-GTA」

最も普及している質的研究のアプローチ

インタビューで取得したデータを分析する方法として最も普及しているのが、M-GTA(Modified Grounded Theory Approach：修正版グラウンデッド・セオリー・アプローチ)です。このアプローチ（考え方と方法がセットになったもの）は、インタビューで取得したデータを文字起こしして逐語録（全てテキスト）化したものを、分析用のデータとして使います。

質的データの分析は、人間が行う以上、分析する人によって、どうしても偏りが出てしまいます。そうした偏りを完全に排除するのが難しいという事実を真正面から受けとめながら、調査する側の考え方や問題意識など、調査する者が持っている「主観」を積極的に文章にすることで、「人間を道具として使う」ということがM-GTAの思想なのです。また、考案者であるストラウスとグレーザーによるオリジナル版に木下康仁氏が修正を加え、分析の手順が「方法」と呼べるほど明確化されていることも、普及した理由の一つだと考えられます。

M-GTAのもう一つの特徴は、データの収集と分析を並行して行う「理論的サンプリング」です。

アンケート調査に代表される量的調査では、最初に収集するデータの範囲を決め、データを収集し終わった後に分析を実施します。つまり、全ての手順が「直線的に一方向で」行われるということです。

しかし、インタビュー調査に代表される質的調査では、少しずつデータを集めながら分析を並行して行い、集めるデータを柔軟に変更することを繰り返します。つまり、全ての手順が「螺旋的に多方向で」行われるということです。データの収集（インタビュー）は、「これ以上データを収集しても、新たな知見を得ることができない」というところまで続けられるのです。

この理論的サンプリングを用いることで、事前に明確な仮説がなくても、調査を開始することができ、調査を進めながら調査計画などをブラッシュアップしていくことができるのです。また、アンケート調査などの量的調査と比べて、少ないサンプル（調査対象者）数で調査が開始できるのです。

このような「手軽さ」も、インタビュー調査が用いられることが多い要因の一つだと言えます。アンケート調査は、統計上必要なサンプルを数多く集めなければならないことに加え、データの分析には統計の知識が必要となります。加えて、データの量が多ければ、データを保管したり、編集したりするためにコンピューターを操作するスキルも必要になってきます。

また、調査対象者が活動している現場に赴いて詳しく「観察」することや、調査対象者の活動を同じ条件の下で再現して「実験」することによる調査は、インタビュー調査より多くのデータを得ることができますが、実際にやろうとすると、計画や準備がとても大変です。

ですので、アンケート調査の同じ調査項目で漏れなくデータが取得できる「網羅性」と、観察・実験調査の現場に密着して詳細なデータが取得できる「重厚さ」の間をバランスよく取ったものがインタビュー調査だと言えるのです。このバランスのよさも、多くの人に用いられる理由なのです。

図表 2-1：M-GTA のメリット

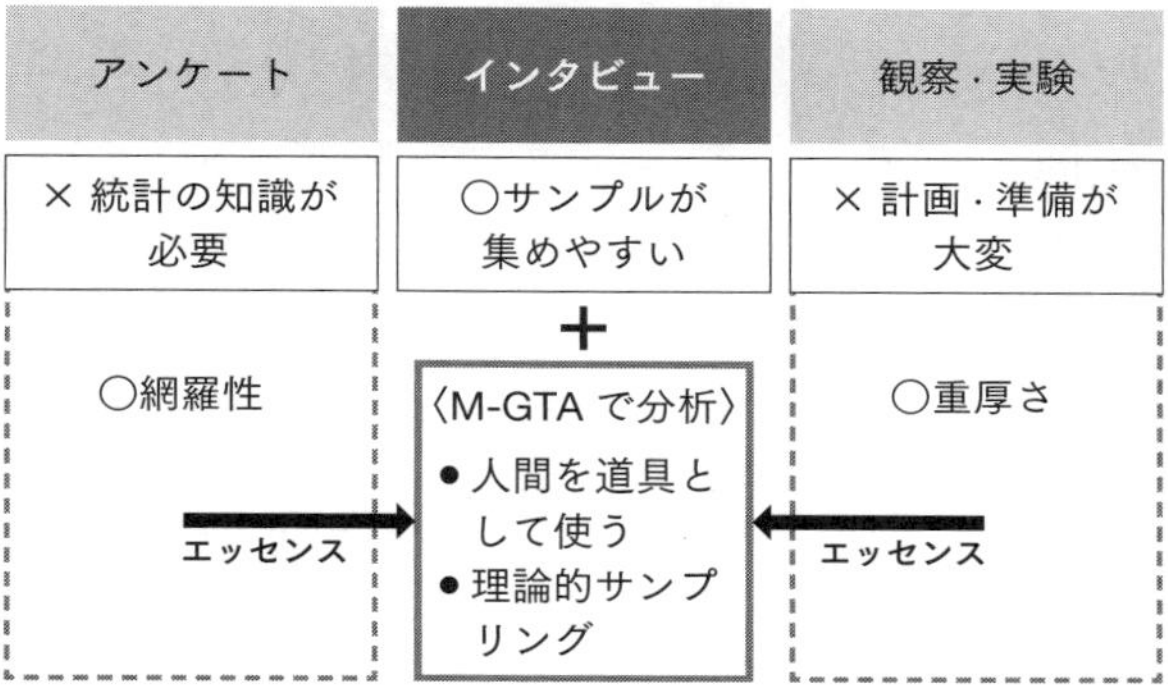

そしてM－GTAは、アンケート調査と観察・実験調査のエッセンスを取り入れているアプローチだと言えます。

本書では、このM－GTAの考え方をベースにインタビュー調査の話を進めます。

ミッション10　自分の問題意識を文章化せよ

青山は野沢より一足早く会議室に入り、途方に暮れて窓の外を眺めていた。野沢が紹介してくれたM－GTAの本を読んでみたが、書いてある学術的な用語が難しすぎて、内容がほとんど理解できなかったからだ。

「おい、何を黄昏《たそが》れてるんだ？」

いたずらっぽく笑いながら野沢が会議室に入っ

てきた。

「あの……、この前貸してもらった本なんですけど……」

「難しくて理解できなかったろ」

あっけにとられた表情の青山を見て、野沢はなぜか嬉しそうだった。

青山が野沢から借りた本には、青山が今まで聞いたことがない学術的な用語が、嫌というほど並んでいて、全くと言っていいほど、内容が頭に入ってこなかった。

「お前にも分かっておいてほしかったんだよ、学問とビジネスの、決定的な違いってやつをな」

「違い、ですか？」

「お前らSEが客に提案書なんかを持っていくとき、客が理解できないような専門用語ばかりを並べて書いたら、怒られるよな」

「はい」

「でも学問の世界は、そうじゃないんだ」

「そうじゃない？」

「読み手に分かりやすいかどうかが問題じゃなくて、言葉の定義や説明の論理がどれだけ厳密であるかが重要なんだ。だから、細かい理屈を、これでもかってくらい積み重ねて、論理的に穴がないようにする。結果、その本のように分かりにくくなる」

「なるほど」

「学者はな、どれだけ難しいことをたくさん知っていて、どれだけ理屈をこねられるかで勝負してるんだ。だから、分かりにくいことが簡単に説明できちゃうと困るんだよ。分かりにくいことを、説明できるのが自分たちだけじゃないと、偉そうに専門家顔《づら》できなくなるからな。だから、テレビなんかに出てきて、分かりやすく説明してくれる、大学や研究機関から離れて活動している学者や評論家みたいな人たちは、ピュアな学者から軽蔑されているらしい。ビジネスの世界に魂を売りやがった、ってな」

「へえ」

「でもビジネスの世界じゃ、言葉の定義が多少いいかげんでも、データに根拠がちゃんとあって、客の役に立ってるなら、それでOKだしな」

「じゃあ、あの本をどこまで理解できればいいんですか？」

「逆に聞くが、理解できたことは何だ？」

「自分がどういう考え方を持っているかを丁寧に説明すれば、個人的な主観で分析しても問題ないってことと、分かったことをインプットして、インタビューの仕方や質問内容なんかを、分析の途中で柔軟に変えていっても大丈夫だってことくらいですかね」

「それで十分だ」

「本当ですか？」

「本当だ。M‐GTAがインタビュー分析の定番になっているのはな、量的な調査との違いを明確かつ体系的に説明できているからなんだよ。その一番重要なポイントは、今お前が言ったことに尽きるんだよ」

「そうなんですね」

「これは量的とか質的とかに関係なく、リサーチ全般に言えることなんだが、人間が客観的であることは、本当に難しいことなんだ。言い方を変えれば、完全に主観を排除することが難しい」

「主観を排除？」

「たとえばアンケート調査の分析は、統計の公式なんかを使ってれば、一見客観的に見えるけど、アンケートの設問は人間が一生懸命考えて作るしかないから、そこにはどうしても主観が入ってしまう」

「確かに」

「だからアンケートのような量的な調査でも、分析する人間の問題意識なんかを積極的に文章化しておいた方が無難なんだ」

「なるほど」

「ビジネスのリサーチには必ず顧客がいる。ビジネスの世界じゃ、顧客に疑問を持たせてしまったら、成果にならないからな。インタビューにしろアンケートにしろ、どういう考え方でやっていたかを説明できないと、後で大変なことになる。インタビュー調査のような質的なアプローチは特にな。だからM‐GTAのようなしっかりした考え方を参考にするのが、ベストだと俺は思う。ただし、言葉の定義には深入りしないことだ」

野沢の話によれば、学問の世界では言葉の定義や世の中に普及している理論などについて、議論が延々と続いているらしい。そうやって学問は発展していくからだ。

しかし、ビジネスの世界では、分析することなどに「使い勝手のよい」理論やアプローチが重宝されているとのことだった。それが決定的な違いなのだろう。

4 インタビューの実施

インタビュー調査の準備

インタビューを実施する前に必要な準備に、「調査目的の明文化」「調査対象の選定」「インタビューガイドの作成」があります。

まず調査目的の明文化は、「どういうことを聞き出すためにインタビューするのか」を文章で端的に表現することです。たとえば「○○が××について、どのように考えているかを明らかにする」というふうに、短い一文で表現できればベストでしょう。逆に短い文章で端的に表現できないとしたら、まだ調査目的が固まり切っていない証拠であるかもしれません。

また、調査目的を明文化しておけば、調査対象にインタビューを依頼する際、手紙や電子メールでの依頼状に「そのまま」書くことができるのです。もちろん、そのまま依頼状に書いてしまうと失礼な文面にならないかということに気を付ける必要はありますが、調査対象者にも理解しやすい調査目的になっているかも、一つの目安になるでしょう。

次に調査対象の選定は、調査目的に沿って、特定の集団から代表的な人を選べることが理想ですが、現実的には何かしらの人的なコネクション（ご縁）を使って「知り合いの知り合い」にお願いすることになるケースがほとんどでしょう。このやり方は「機縁法」という立派な名称があります。インタビュー調査の対象者集めは機縁法で問題ありませんが、可能な限り偏りを排除することや、年齢や性別などの属性を詳しく記述して「対象者の前提情報」をなるべく多く提示することで、調査の信頼性を増すことができるのです。

たとえば筆者の大学院時代の同期は、小学校で「出前授業」を行うアーティストの研究をしました。機縁法を使って実際に十数人のアーティストにインタビューすることができたのですが、ピアニストや画家というように対象者の分野を全て別々にし、アーティストとしての活動年数にもバラつきをもたせたのです。そのことで「自分が調査結果として言いたいことを言うために対象者を都合よく選んだ」という批判をかわすことができたという訳です。

最後にインタビューガイドの作成は、「インタビュー中に困らないように」作成するものです。インタビュー対象者の話が魅力的で集中して話を聞いていると、後から逐語録を確認したときに、特定の内容に話が偏ってしまっていることがあります。そのようなことを防ぐために、聞くべき内容をチェックリストのような形で持っておくのです。

インタビューの注意点

インタビュー調査で対象者にすべき質問は「オープンクエスチョン（拡大質問）」を基本とします。アンケート調査が「はい／いいえ」や数値など、ある一時点での状態を尋ねる「クローズドクエスチョン（限定質問）」が中心であることとは対極的です。オープンクエスチョンの質問例は、アンケートの自由回答欄にあるような「〇〇について、どう思いますか？」というようなものになります。

ただ、いきなり核心を突くような内容をオープンクエスチョンでしてしまうと、インタビュー対象者が答えにくい、もしくは答えられないことがあります。そうならないために、対象者が答えやすいことから順番に質問していくことが有効です。そのためにインタビューガイドに、質問のバリエーションを、いくつか書き出しておくとよいでしょう。対象者と初対面である場合は特に、緊張感や警戒心などを持たれてしまうことが多いため、最初に「あえて」当たり障りのない話題でしばらく話すことによって、信頼関係を築くことも重要です。

信頼関係を築くためには、最初はインタビュー対象者が「話しやすいこと」や「話したいこと」にフォーカスするとよいでしょう。不思議なもので、人間は沢山話しているだけで緊張感や警戒心が緩んでいき、相手に心を許しやすくなるものなのです。ですので、インタビューの初期段階では、たとえ本題からそれていってしまっていたとしても、なるべく話をさえぎったり、無理やり本題に戻そうとしたりせずに、インタビュー対象者に気持ちよく話してもらうようにしましょう。

インタビュー実施後の話になってしまいますが、分析に用いる逐語録は、一言一句、無駄なく分析に使わなければならないということは「一切なく」、必要な部分を抜き出して使います。ですので、逐語録に分析には関係のない、無駄な話が沢山含まれていても全く問題ありません。それよりも、各インタビュー対象者ならではの独特な言い回しやディテールが豊かな話を、どれだけ引き出せるかの方が重要になります。インタビュー調査は、対象者が「話したこと」よりも、「話したことの奥（背景）にあること」を探るための方法だからです。

ミッション11　調査対象を定義せよ

青山と野沢は、自分たちの個人的なコネクションを使ってインタビュー対象者をピックアップしていた。対象者は、青山たちの会社にコンサルティングやシステム開発の発注を意思決定できる、もしくはその意思決定に関与できる役職の人で、実際に発注をしたことが一度もない人を「潜在顧客」と定義した。

「うちにコンサルティングやシステム開発を発注したり、進言したりする立場の人って言ったら、やっぱり課長以上になりますかね」

「そうだな。だけど社長や役員は対象から外した方が無難だな」

「どうしてですか？」

「部署を越えて意思決定に関与できる権力があるからさ。コンサルティングの客は経営企画部、システム開発の客は情報システム部って、大体決まっているよな？　でも、トップセールスって言葉があるように、社長とかに直接提案して認められたら、それぞれの部署の意思決定は関係なくなっちまう。第一、ウチの用語解説のコラムは、客になってくれそうな部署の部長・課長連中をターゲットにしてるんだろ？」

「そうですね」

「だったら、その方が選んだ対象者の説明に説得力が増す」

「説得力？」

「そうだ。インタビュー調査みたいな質的調査はな、調査対象、つまりサンプルの数を多く集められないから、説明の説得力を極限まで高めることを目指すんだ。その説得力のことを説明可能性と呼ぶ。逆に量的調査に求められるのは再現性だ。アンケート調査を別の人が同じ条件でやったとしても、ピッタリ同じ結果が再現されなきゃいけない。多少の誤差はあったとしてもだ。でも質的調査の方は、再現性が求められない代わりに、複雑に入り組んだ事象の構造や流れなんかを、なるべく詳しく、そして分かりやすく説明することが求められるってことさ」

「なるほど」

「でも、だからって、いいかげんに対象者を選ぶのはよくない。たとえ知り合いの知り合いを辿《たど》って集めるしかなかったとしてもだ」

「じゃあ、どうするんですか？」

「理屈を組み立てるんだよ」

「理屈？」

「そうだ。たとえば、ウチにコンサルティングやシステム開発を発注できる客は、大企業に限られるよな？　何億、何十億円ってオーダーになるから。じゃあ、その大企業に共通していることは何だ？」

「共通……。たとえば、上場しているとかですかね」

「いいね。じゃあ東京証券取引所のプライム市場に上場している企業に勤務している人に限りました、ってのはどうだ？　証券取引所には、売上とか資本金とか、いろんな基準をクリアしていないと上場できないしな。そういう理屈があれば、『野沢と青山が知り合いのツテを使って、有名な大企業からインタビューの対象者を集めました』っていうより、百倍ましだろ？」

「そうですね」

「あとは対象者が偏っていないことを、どう示すかだな」

そう言うと、野沢はパソコンのキーボードを叩いてインターネットで検索を始めた。

図表 2-2：日本標準産業分類

A	農業、林業	K	不動産業、物品賃貸業
B	漁業	L	学術研究、専門・技術サービス業
C	鉱業、採石業、砂利採取業	M	宿泊業、飲食サービス業
D	建設業	N	生活関連サービス業、娯楽業
E	製造業	O	教育、学習支援業
F	電気・ガス・熱供給・水道業	P	医療、福祉
G	情報通信業	Q	複合サービス事業
H	運輸業、郵便業	R	サービス業（他に分類されないもの）
I	卸売業、小売業	S	公務（他に分類されるものを除く）
J	金融業、保険業	T	分類不能の産業

（出所）総務省

「あった！」

「何がですか？」

「国が定めている最新の産業分類だよ」

「産業分類？」

「そうだ。つまり、企業の業種を国が公式に決めてるってことだ」

そう言うと野沢は、業種の一覧をプロジェクターに投影した。

「インタビューする対象者の一覧を見せてくれ」

青山は言われるままに、ノートパソコンでファイルを開いて野沢に見せた。

「幸い業種は一つも被《かぶ》ってないな」

野沢の言う通り、二人で集めた10人程度のインタビュー対象者が所属する企業の業種は、国が定めた分類で偶然重複していなかった。

「でも、それで大丈夫なんでしょうか？」

心配そうな声で青山が言った。

「何を心配してるんだ」

「だって、我々が集めた対象者が、国の分類通りに分かれたのは、単なる偶然じゃないですか」

「その通りだ。じゃあ、もしリストアップした対象者が特定の業種に偏っていたとしたら、お前ならどうする？」

「バランスがよくなるように、別の業種の対象者を増やしますかね」

「だよな。質的調査はな、対象者をリストアップしたり、たとえインタビューが開始されていたり、全ての対象者にインタビューし終わってたとしても、対象者のターゲットを変えても問題ないんだよ。むしろインタビューする度に、対象者の定義がブラッシュアップされていくんだ」

「ブラッシュアップ？」

「つまり、新しいものに更新されていくってことさ。微調整と言った方が分かりやすいかな？　それが一度、設問を決めたら、よーいドンで、後戻りせずに一気に調査を終えるアンケートみたいな量的調査との違いだな」

「なるほど……。ちなみにインタビューの分析って、何から始めるものなんですか？」

「やっと、その話ができるな」

そう言うと野沢は不敵に笑った。

5　コード化

コード化とは

インタビュー調査におけるコード化とは、インタビュー対象者の「複数人」が語ってくれた類似する内容を逐語録から「そのまま」抜き出し、広告のキャッチコピーのような「分か

図表2-3：単なる分類とコード化の違い

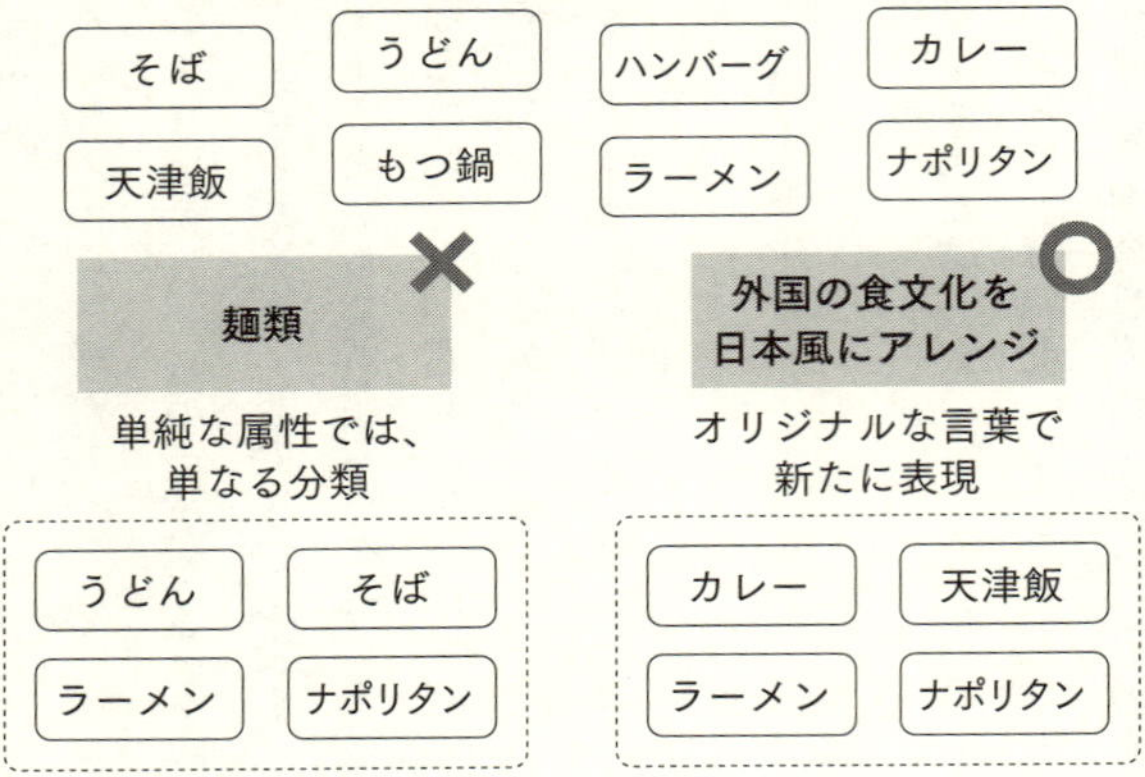

りやすい名前」を付けることです。個々の事象に共通する特徴を、抽象的な言葉で端的に表現することから「概念化」とも呼ばれます。

コード化することによって、膨大なテキストデータの解釈や分析がしやすくなり、明らかにしようとしている事象のパターンやモデルが描きやすくなるのです。

コード化は単なる分類とは違います。たとえば、図表2－3のように、いくつかの料理をコード化するとします。「麺類」といった属性など表面的な特徴を捉えて分けるのが単なる分類だとしたら、「外国の食文化を日本風にアレンジ」のように分析者が「オリジナルな言葉で新たに表現」するのがコード化なのです。

分析テーマを仮決めする

アンケート調査などの量的調査と違い、質的調査であるインタビュー調査は、「何を明らかにしようとしているのか」が、分析が進むごとに明確になっていきます。ですが、「どこに向かっているのか」分からない状態では、分析を進めることができません。

たとえば、最近の大学生でもテレビでＮＨＫの放送を見ている人が一定数いることが分かり、その実態を調査しようとして、図表２－４のようなインタビューの生データ（一切加工せずに抽出）が４人の対象者から得られたとします。

筆者が担当する大学の講義や社会人向けの研修では、２人以上のデータを使って、１つコード化してみる練習問題を出しています。「２人以上」としているのは、いかに質的調査であろうとも、１人だけのデータでは、その人固有のものであることを否定できないからです。

いざコード化しようと思うと、様々な切り口が思い浮かぶのではないでしょうか？　それは「主語は誰なのか」と「分析対象は何なのか」が明確になっていないことが原因です。質的調査は分析対象などを分析の途中で微修正していくことが可能であるため、たとえば主語は「一人暮らしの大学生全般」、分析対象は「ＮＨＫの日常生活への浸透プロセス」とそれぞ

図表2-4：インタビュー調査で取得した生データの例

1	大学の友人と話をしていると、NHKの朝の連続ドラマの話題になることがあるなぁ
2	大学から近いところに住んでいるので、朝の連続ドラマが終わってから家を出ます
3	「おかあさんといっしょ」を見ると、懐かしいですよね
4	放送終了に流れる「君が代」を聞くと、もう寝ようという気になる

れ一つに仮決めします。これを分析テーマと呼びます。

分析テーマを設定することで、考えが発散することなく、調査を進めることができるようになるのです。もちろん仮決めですので、分析を進める途中で分析テーマ自体が修正（ブラッシュアップ）されていくことを前提としています。

分析テーマは、インタビュー調査で明らかにしようとしていることの「核心となる一連のプロセス」であると言えます。プロセスとは単なる「過程（ステップ）」というだけではなく、「インタビュー対象者の心理面を含んだ行動や態度」が端的に分かりやすく表現（コード化）されたもののことです。コード化されたものが、モデル（図）のような形になることで、複雑な事象の流れや構造が分かりやすくなるのです。

ミッション12　逐語録をコード化せよ

青山は野沢から、リストアップした10人のインタビューを一人でやるように指示された。二人でやった方が早いのでは？　と思ったが、一人であることに意味がありそうな口ぶりだった。インタビューは3人終わった時点で逐語録を作成して、その後、打ち合わせをしようとのことだった。会議室に入ると、野沢は逐語録を全てプリントアウトし、色とりどりの蛍光色のラインマーカーで文章を塗り散らかしていた。

「随分カラフルですね」

「ああ。蛍光ペンは25色くらいあると便利だな」

「色分けしてるのには、意味があるんですよね」

「もちろん。コードの候補だ」

「コード？」

「M-GTAの本では概念と呼んでいるな。マークした発話の意味していることが類似しているものは、同じ色にしている」

「結構ありますね」

「だが、最終的には10個くらいに絞り込む」

「どうしてですか？」

「人がギリギリ覚えていられる数だからさ」

「覚えていられる？」

「学術的な論文だと、もっと多い方が好まれるが、俺たちはビジネス用途の分析をやっているからな。顧客に覚えてもらって、役立ててもらうには、コードの数は、なるべく少ない方がいい」

「役立つ？」

「そうだ。10人程度インタビューしただけじゃ、化学や物理の公式やモデルみたいに、万人が使って同じ結果が得られるものなんて到底作れやしない。だから、作ったコードやモデル図を、そういった世の中に普及した理論を作るまでの繋ぎにすることもあるが、定石は、分析対象になった業務なんかを詳しく説明したり、実際やっていることの参考や手助けにすることなんだ」

M‐GTAは、看護師の業務分析に使われることが圧倒的に多い。その理由は、医師に比べて実施しなければならない医療行為が「定型化」しにくいためだ。たとえば、「この薬を何㎖」とか「この施術を何分間」といった具合に定量的な把握がしやすい医師の業務に比べて、看護師の業務は患者への気配りや臨機応変な対応といった「非定型」のものがほとんどだ。しかし、医師と同様に、そういった実践を「看護研究」という科学的な根拠のある形（エビデンスと呼ばれる）で残しておく義務を看護師は負わされているのだ。非定型かつ気配りのような数値に表すことができないことを、どうにか後進に役立つようにエビデンスとして残そうという、看護師たちの願いにも似た研究をＭ－ＧＴＡは手助けしてきたのだ。だから、実際に作られるコードやモデル図には、広告のキャッチコピーのように、心に訴えかけるものが多いとのことだ。

「お前、ＫＪ法を使ったことはあるか？」

一通り解説を終えると、野沢が青山に尋ねた。

「はい。実際にあったことをポストイットなんかに書き出して、分類していくやつですよね？」

「分類じゃない」

「え？　違うんですか？」

「違う。分類じゃなくて、創作に近いかもしれないな。俳句を作ったり、広告のキャッチコピーを考えたり」

「そんなこと、普通の人間にできるんですかね？」

「すぐには無理だが、慣れれば誰でもできるようになる」

「本当ですか？」

「本当だ」

「何かコツのようなものはあるんですか？」

「まずは仮の分析テーマを作ることだな。幸い俺たちは、ウチの潜在顧客が用語解説を読んだことがレピュテーションにどう影響するか、っていうプロセスに焦点が絞れているから問題はないけれど、絞れていないと、どこに向かってコードを作ればいいかっていう的が分からなくなるからな」

「なるほど」

「コードとモデル図は、コンパクトでインパクトがあって、使う人が覚えていられる、とM

―GTAの本では薦めているな」

「薦めている？」

「M―GTAは分析方法じゃない、アプローチ、つまり考え方にすぎないからだよ。だから具体的な方法は、その考え方に応じて、分析する内容に合わせて柔軟に変えていって然るべきだと本には書いてある。なのに本に書いてあることを頑《かたく》なに守ることに固執している人たちが多いから、認知度がイマイチなんだろうな。よくできたものなのに」

6　モデル図を描く

モデル図を描くために必要なこと

3人くらいのインタビューと逐語録の作成（テキスト化）が終わった時点で、分析の結果であるモデル図を「粗く」描きはじめます。モデル図とは、分析テーマ（一連のプロセス）の流れや構造を、分かりやすく図にしたものです。早めにモデル図を描き始めることで、足りないパーツ（コード）が見えて、今後のインタビューでより詳しく尋ねるべきことが分か

図表 2-5：コード名の例

	発話	コード名
1	●大学の友人と話をしていると、NHKの朝の連続ドラマの話題になることがあるなぁ ●（類似した内容）	日常会話に登場
2	●大学から近いところに住んでいるので、朝の連続ドラマが終わってから家を出ます ●（類似した内容）	時計の代替
3	●「おかあさんといっしょ」を見ると、懐かしいですよね ●（類似した内容）	幼少期の追憶
4	●放送終了に流れる「君が代」を聞くと、もう寝ようという気になる ●（類似した内容）	一日が終わる実感

ってくることがあるからです。

その前段階として、コードが10個程度できたら、コード化に使ったテキスト（実際に語ってもらった内容・発話）のリストにコード名を付けた1枚の用紙（コードが10個であれば10枚）をプリントアウトします。それらを見比べながら、合体できる、もしくは分けられるものがないか、またはコード名が適切なものになっているかどうかも併せて検討します。そうすることで各コードがブラッシュアップされていき、その結果、モデル図に使うコードとしてふさわしいものになっていくのです。

見本として発話（実際には複数人のものが必要）からコード名を付けてみると、図表2－5のようになります。

モデル図の具体例

分析テーマを「一人暮らしの大学生におけるNHKの日常生活への浸透プロセス」とし、「日常会話に登場」「時計の代替」「幼少期の追憶」「一日が終わる実感」という4つのコードのみが作成できたとします。

これらの流れや構造を図に表そうとするなら、まずは前後関係（順番）を考えます。明らかにしようとしているのは、「NHKの日常生活への浸透プロセス」ですから、4つのコードの中から、「日常生活に浸透する」最初のステップは何かを考えます。すると、浸透するきっかけとなり得るのが「日常会話に登場」と懐かしい番組を偶然見たときに起こる「幼少期の追憶」であろうことが分かります。この2つは、どちらが先にあっても違和感はないですよね？

では、「時計の代替」「一日が終わる実感」についてはいかがでしょうか？　大学生になっ

図表2-6：一人暮らしの大学生におけるNHKの日常生活への浸透プロセス

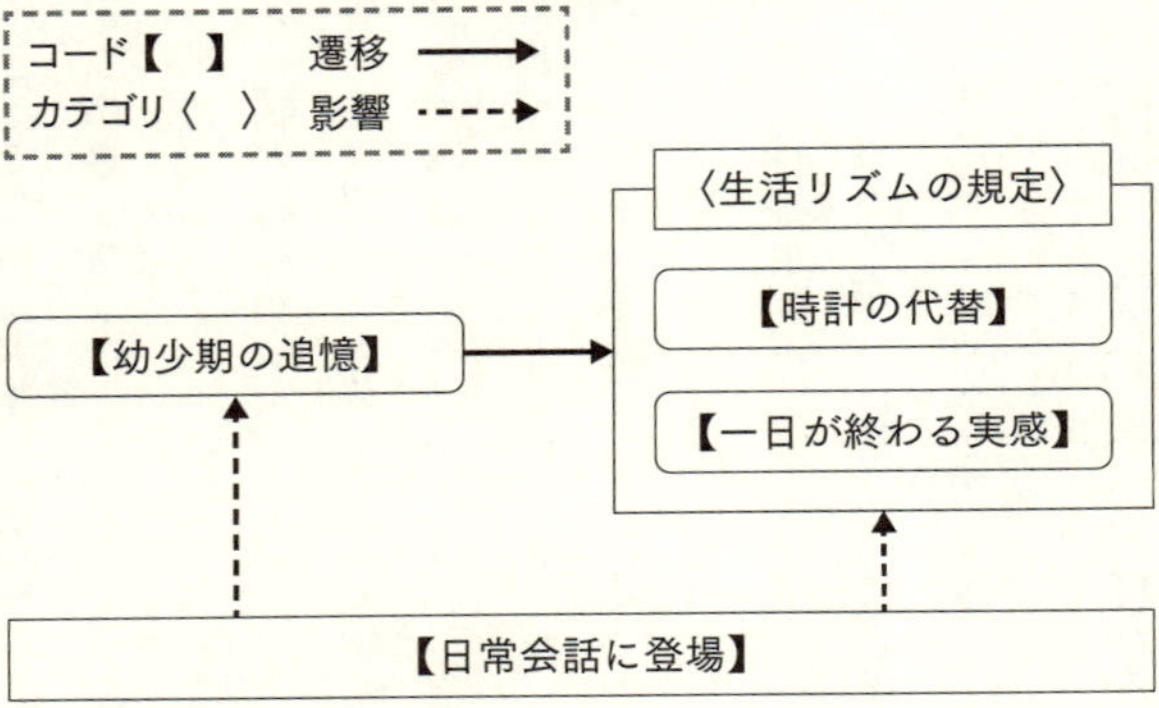

たことをきっかけに一人暮らしをはじめた人が、何気なくつけたテレビで偶然、懐かしい番組を見たことをきっかけに、NHKを見始めることは、想像に難くはないはずです。その後、NHKの放送を「時計の代替」に使ったり、「一日が終わる実感」を持ったりします。この2つを1つのカテゴリにまとめて「生活のリズムを規定」という、より説明力が高い名前を付けてみると、どうでしょう。「幼少期の追憶」から「生活のリズムを規定」というステップの両方に「日常会話に登場」することが影響している図を描いてみると、納得感があると思いませんか？

お気づきの通り、このモデル図にあるコードやカテゴリは、数量的もしくは「ある一時点の状態として」表せるものは一つもありません。と言うより、そのようなもののみで表せるのであれば、わざわざ質的調査をする必要はないということになります。ですので、インタビュー調査でコード化を行う際には、「アンケート調査などの量的調査で可能なことをやっていないか」を厳しく問いながら、分析を行う必要があるのです。

モデル図を描くことは、誰も足を踏み入れたことがない土地に、自分一人だけが行ってきた後に、「手書きの見取図」を描いて、誰かに説明する作業に似ています。そのような場合は、「どれだけ正確か」ということよりも「どれだけ分かりやすいか」ということの方が重宝されるのではないでしょうか？

インタビュー調査で描くモデル図は、対象となる人や現場を見ていない人に「いかに役立つものであるか」が問われるのです。

第3章

アンケート調査の実際

1　アンケート調査票の設計

設計の流れ

インタビュー調査でモデル図を作るなど、調査対象の行動や態度のパターンが明らかになったら、それをもとに調査で明らかにしたいことを洗い出してリスト化し、それに対応した設問案を作成します。その後、リストの整理と設問案の絞り込みを行って、設問の順序を決める、というのが大まかな流れになります。

調査票が完成したら、身近な人の協力を得て試しに回答してもらい（模擬調査）、感想や意見をもらうと良いでしょう。そのフィードバックをもとに、さらに設問をブラッシュアップしていくのです。

設問に外部の二次データを活用する

アンケートの設問は、ゼロから考える必要はありません。なぜなら、どのような種類のア

図表 3-1：調査票作成のステップ

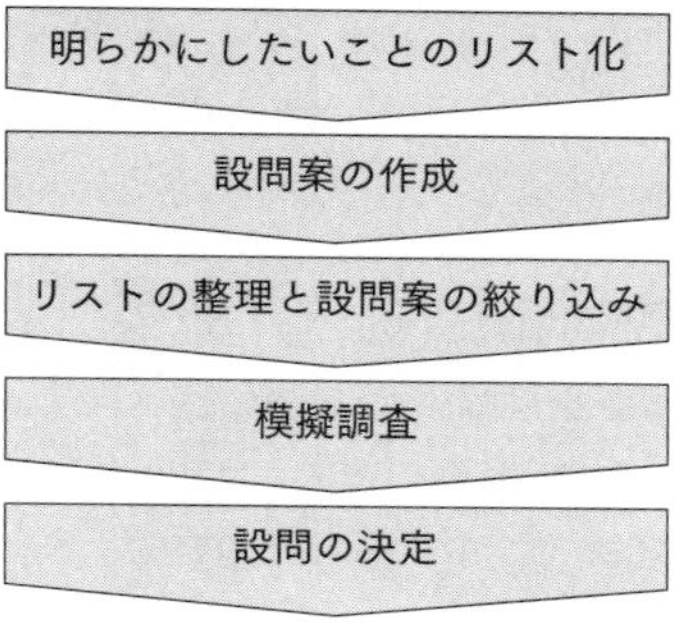

ンケート調査を行おうとも、過去に似たような調査は必ずと言ってよいほど行なわれており、その結果の多くは公表されているからです。加えて、調査票自体も公表されていることもあります。ですから、まずは国や調査会社など、第三者によって調査された結果である外部の二次データに、どんなものがあるのかをあたってみることからはじめるとよいでしょう。社内のみで使用して、公表する予定がないのであれば、設問をそのまま流用しても問題ありません。

質的調査⇒量的調査の順番とは限らない

インタビュー調査で仮説を作り、アンケート調査でその仮説を検証するやり方が一般的ですが、その逆もあります。アンケート調査で絞り込めた特定の集団

図表3-2：質的調査と量的調査の流れ

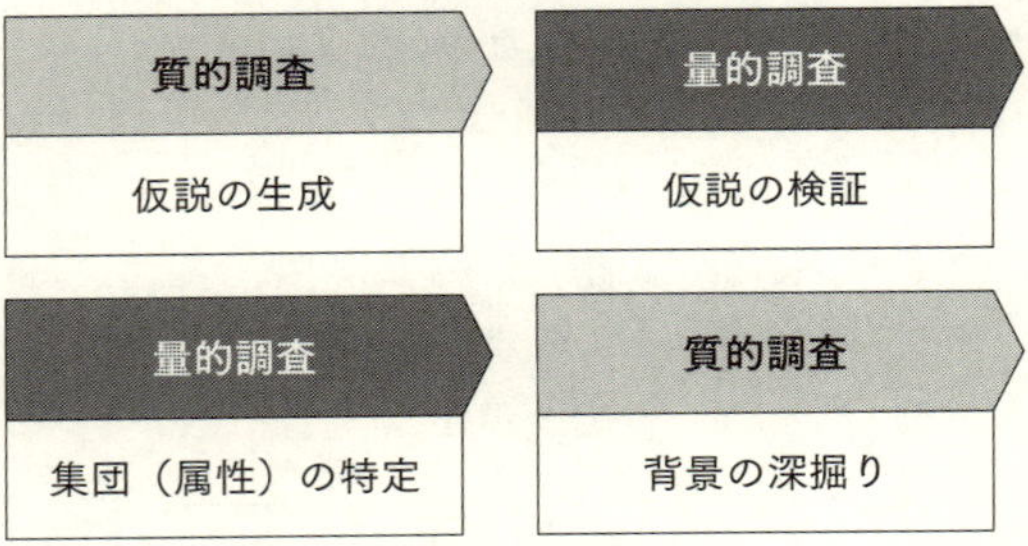

に、行動や態度の背景を詳しく聞く必要がある場合などです。たとえば、ある商品が特定の年代に支持されていると判明した場合、その理由を質的調査で深掘りするのです。

ミッション13　仮説を設問に落とし込め

青山は野沢に言われた通り、3人の対象者のインタビューが終わった時点で逐語録を作って、コードを作りはじめた。コードは「分析ワークシート」と呼ばれる1枚物のシートに、複数人の対象者が語ってくれた「類似の」エピソードを具体例として「そのまま」抜き出してリスト化し、そのリストに広告のキャッチコピーのような名前を付けるのだ。

「同じ言葉である必要はないからな」

野沢は、そのセリフを何度も繰り返した。なぜなら、同じ表現や言い回しで「一致」していることは質的調査において意味はなく、「言わんとしていること」や「意味していること」を分析者が洞察したことが全てだからだ。

しかし、青山には、何となく類似しているエピソードをリスト化できたものの、どうやって名前を付けてよいのか、皆目見当がつかなかった。

「だから言っただろう」

野沢がニヤつきながら言った。

「何かコツのようなものはないんですか？」

「慣れるしかないな。ところでお前、カラオケは得意か？」

「何ですか急に」

「いいから答えろよ」

「……まぁ、人並みには歌えますかね」

「最初に人前で歌った時のことを覚えてるか？」

「はい。そりゃ、ひどいもんでしたよ。棒読みならぬ、棒歌って感じで」

図表 3-3：分析ワークシート

コード 1	適切な情報活用を期待した許容
定義	取得されたクッキー情報が適切に活用されることを期待して許容している
具体例	1. 営業のようなものでも、ちゃんと、その場で、クリックしたから、すぐに何かが起こるっていうよりは、「コンタクトしていいですか？」というやりとりがあると分かっているので、特にそこで警戒することはない（E） 2. 興味のあるもの（広告）を、どんどん踏んでいって、それに関する情報が自動的に集まってくる方が、僕は世の中便利だと思っていて、むしろ取ってって、ちゃんと解析して返してね（G）
メモ	● クッキーによるターゲティングに関係する具体例を探す ● インターネット広告の仕組みについて理解していれば、ある程度、閲覧履歴などを利用されることを許容あるいは利用していることを発見した

「それでいいんだよ」

「え？」

「最初は棒でいいから、まず書いてみるんだ。最初から気の利いたカッコいい一文を書こうとするから何も出てこないんだ。つまらなくていいから、まず文字にするんだよ」

そう言うと野沢は、1枚の分析シートにコード名、定義、メモを書き込んだ。

「おお。適切な情報を期待した許容か。確かにな」

野沢の鮮やかな言葉の切れ味に、青山が思わず唸《うな》った。

図表3-4：潜在顧客がロイヤルティを形成するプロセス

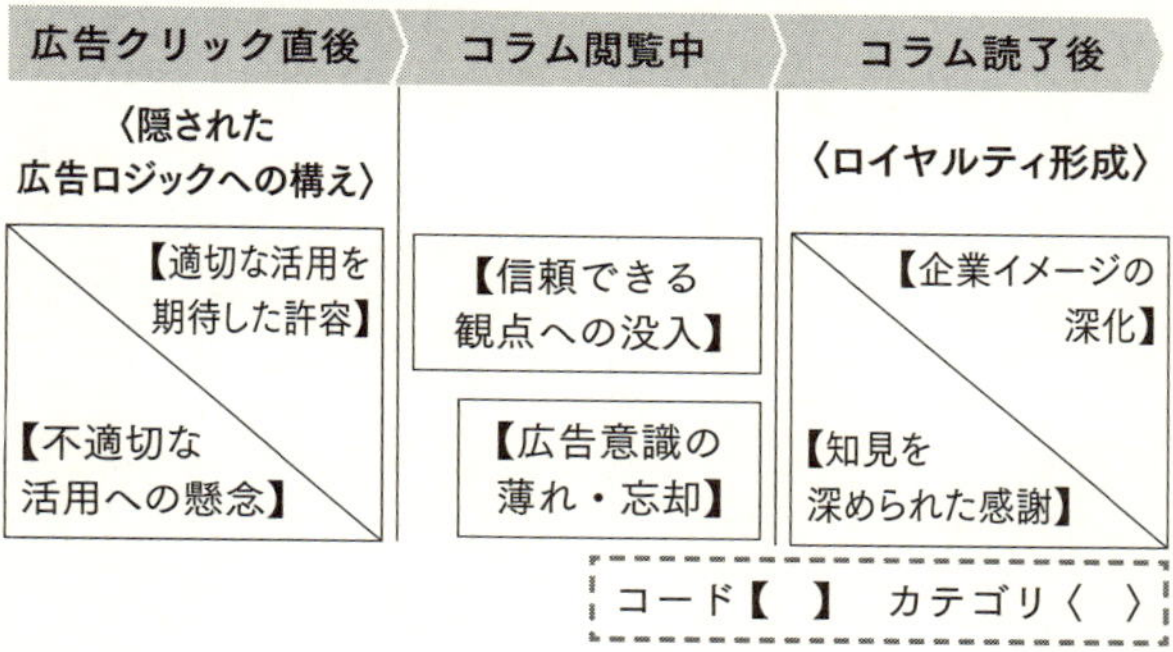

「コツっていうよりルールに近いが、『このコードは、このプロセスの中にしか存在し得ない』って言えるものにしないとダメだな。インターネット広告をクリックして用語解説のコラムを読む、っていう一連のプロセスの中にしか、あり得ないものってことだ。どっかからパクってきたような、ありふれた言葉じゃなくて、分析した人間がオリジナルに生み出したものでなくちゃならん」

「なるほど。そうやって作ったコードを並べて、それぞれの関係を示したのがモデル図ってことですか？」

「その通りだ。コードをひとまとめにしてカテゴリにしてもいい。ただし、その場合は、カテゴリの名前が、一つひとつのコードより、説明力の高いものにできる場合に限る」

そう言って、野沢はホワイトボードにモデル図を描きはじめた。

「潜在顧客はインターネット広告をクリックした直前・直後に、個人情報の【適切な活用を期待した許容】と【不適切な活用への懸念】が入り混じった〈隠された広告ロジックへの構え〉を示す。コラムを読んでいる最中は、コラムが持つ【信頼できる観点への没入】が始まれば、コラムが広告目的であることを意識しなくなる【広告意識の薄れ・忘却】という状態になる。コラムを読み終わった後は、コラムから【知見を深められた感謝】と、企業の取り組みを知ることで【企業イメージの深化】をさせるといった〈ロイヤルティ形成〉を行う」

野沢の的確な分析に、青山は目を丸くするしかなかった。

「すごいですね」

「まあな」

「インタビュー分析すると、ここまでしっかりしたモデル図が作れるもんなんですね」

「そうだな。ただ、ちょっと文献を調査するだけで、これくらいのモデル図が描けるのであれば、わざわざインタビュー調査を挟む必要はない」

「なるほど」

「しかし、これは、あくまでも柔らかい仮説を高度化したモデル図にすぎない。このモデル図から仮説検証すべき項目を導き出さないとな。これが出来上がった仮説だとして、お前なら具体的に何を検証する？」

「コラムを読んだことで、どれくらいの人がロイヤルティを上げてくれたかですかね。あと、ネット広告にプライバシー情報を取られることに抵抗を持っている人には、そもそもコラムで有益な情報を提供しても、無駄なんじゃないか、ってことですかね」

「いいね」

2　集計

単純集計とクロス集計

アンケート調査でデータを収集し終わった後、最初に実施する作業が集計です。集計には単純集計とクロス集計の2種類があります。

単純集計は、一つひとつのアンケート項目の結果を集計することです。通常は選択肢ごとの回答数と全体の割合、設問にどれくらい同意するかを尋ねるリッカート尺度であれば、平均スコアも集計して表にします。この表を単純集計表と呼びます。

単純集計をすることで、調査結果の全体の傾向をつかむことができます。

クロス集計は、単純集計で明らかになったことを、さらに深掘りするために、集計を組み合わせる（クロスする）ことです。たとえば、年代を切り口に単純集計の結果を見てみるようなことです。

散布図でデータの相関関係を見る

アンケートで得られたそれぞれの項目の結果が、互いに密接に関係していることを「相関関係」と呼びます。つまり、どちらか一方の数値が変化すれば、もう一方も連動する関係のことです。どちらか一方の数値が増えれば、もう一方も増える関係が「正の相関」、逆にもう一方の数値が連動して減る関係が「負の相関」です。

一つひとつのデータを「点」でグラフ上に表現したものを「散布図」と呼びます。たとえ

図表 3-5：単純集計とクロス集計

（単純集計）

Q. ご覧いただいたコラムは有益な情報を提供していると思いましたか。（平均値：4.11）

設問	回答数	割合
7：非常にあてはまる	20	1.6%
6：あてはまる	87	7.1%
5：どちらかといえば、あてはまる	332	27.3%
4：どちらともいえない	547	44.9%
3：どちらかといえば、あてはまらない	100	8.2%
2：あてはまらない	66	5.4%
1：全くあてはまらない	66	5.4%
合計	1218	100%

（クロス集計）

Q. ご覧いただいたコラムは有益な情報を提供していると思いましたか。（平均値：4.11）

設問	20代	30代	40代	50代	60代
7：非常にあてはまる	1.6%	2.6%	3.6%	4.6%	5.6%
6：あてはまる	6.1%	5.1%	4.1%	3.1%	2.1%
5：どちらかといえば、あてはまる	26.2%	25.3%	27.2%	28.3%	27.3%
4：どちらともいえない	45.8%	46.9%	44.8%	43.9%	44.9%
3：どちらかといえば、あてはまらない	8.1%	8.2%	8.0%	8.2%	8.2%
2：あてはまらない	5.5%	5.3%	5.6%	5.3%	5.4%
1：全くあてはまらない	5.4%	5.5%	5.4%	5.5%	5.4%

図表 3-6：散布図

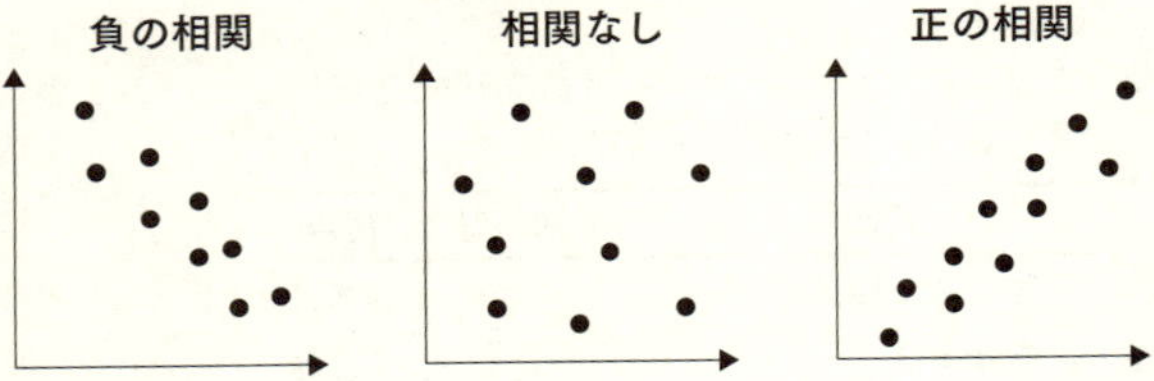

ば、東京都の病院にアンケートを実施したとして、グラフの縦軸をガンにかかった人の数、横軸を平均年齢として、グラフ上に点を打っていきます。すると点の数は年齢が上がるごとに高い位置に集まる「右肩上がり」のグラフになります。これが正の相関です。

しかし、右肩上がりでも、右肩下がりでもなく、点が散漫になっているグラフになったとしたら、その項目のペアは関係が薄いということになるのです。

ミッション14　仮説を数値で検証せよ①

10人の対象者へのインタビューを終えた後、野沢と青山は立てた仮説を検証するために、アンケート調査を実施することにしていた。

アンケート項目の作成は、学生時代に経営学を学んでいた青山が担当することになった。青山の大学時代の恩師は、企業のレピュテーション研究の権威であり、レピュテーションの向上が企業の競争力を高めることを教わっていた。企業の競争力を示す重要な要素の一つに、ステークホルダー（利害関係者）からのロイヤルティというものがある。

ロイヤルティとは、企業に対する信頼や愛着のことである。青山の会社の潜在顧客が、用語解説のコラムを読むことによって、ロイヤルティを形成することが数値で実証できれば、コラムの配信がレピュテーション向上のための有効な手段になっていることが証明できるのだ。

ロイヤルティを測定するための項目はいくつかあるが、潜在顧客が対象となるものは、「①その会社の製品・サービスを、機会があったら購入したいと思うか（購買意向）」「②その会社の製品・サービスを、機会があったら他人に勧めたいと思うか（推奨意向）」「③その会社が、仮に不祥事等の問題を起こしても信じて支持・応援したいと思うか（有利な解釈意向）」の3つである。

青山の会社は有名な企業であるため、すでにロイヤルティを持っている潜在顧客がいる可能性がある。だから、事前に調査対象者のロイヤルティをアンケートで計測してから、広告をクリックしてコラムを読んだ後に、同じアンケートを実施する。事前事後の差を見ることで、コラムを読むことが、どれだけロイヤルティの向上に寄与するかが分かるのだ。

コラムの信頼性については、情報がどれだけ有益だと感じてもらったかと、インターネット広告とコラムの提供元である青山の会社が、自社の情報を有利に扱っていないかと、どれだけ長期的な関係を築こうとしていると感じたかの3つの設問で取得した。企業が発信する情報は、すぐに営業や購買に結び付けようとする短期的な視点のものがほとんどだ。

しかし、それでは潜在顧客からの信頼は得にくい。長期間かけて潜在顧客との関係をじっくりと築いていこうとする考え方に「コンテンツマーケティング」というものがある。コラムの提供は、まさにそのような長期的な観点に立ったものなのだ。

加えて、個人のインターネット上の行動が把握できるクッキーを使った広告にどれくらい抵抗感があるかも合わせて質問することにした。

アンケートには、リッカート尺度の7段階（7：非常にあてはまる、5：あてはまる、1：全くあてはまらない）で回答してもらった。

図表3-7：アンケート調査の概要

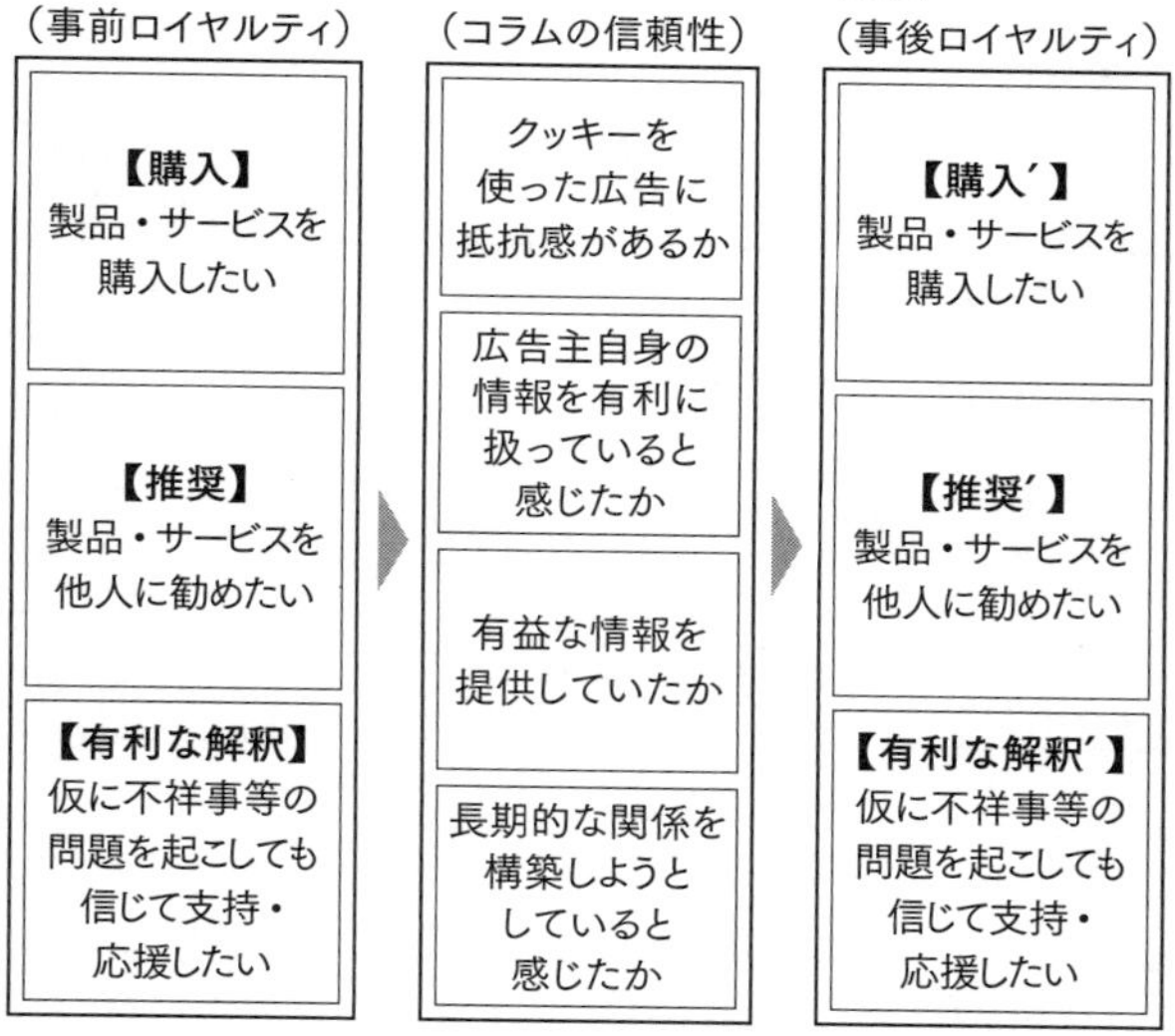

調査の結果、ロイヤルティを示す「①購買意向」「②推奨意向」「③有利な解釈意向」の平均値は、コラムを読んでもらった後で全て上昇していた。

しかし、「クッキーを使った広告に抵抗感があるか」「広告主の情報を有利に扱っていると感じたか」「コラムは有益な情報を提供していると思ったか」「広告主は読み手と長期的な関係を構築しようとしていると感じたか」という項目ごとにクロス集計してみると、全ての項目がロイヤルティの向上に役立っている

図表 3-8：平均値の上昇（7 点満点中）

（N ＝ 1,218）

	購入意向（0.11）	推奨意向（0.13）	有利な解釈意向（0.19）
クッキーを使った広告に抵抗感があるか	0.03	0.12	0.16
広告主自身の情報を有利に扱っていると感じたか	− 0.08	0.03	0.09
有益な情報を提供していたか	0.28	0.34	0.30
長期的な関係を構築しようとしていたか	0.48	0.51	0.42

訳ではないことが分かった。「クッキーを使った広告に抵抗感があるか」「広告主の情報を有利に扱っていると感じたか」は、全体の平均値の上昇を下回っていたからだ。

「クッキーを使った広告に抵抗があってもなくても、ロイヤルティには直接関係ないってことですよね？」

青山が野沢に尋ねた。

「そうだな」

「インターネット広告で個人的な情報が取られることを気にする層は、企業からの情報提供を好意的に受け取ってくれないのかと思ってましたけど、そうじゃないってことですね」

「そういうのが先入観だってことが示された訳

だ」

「なるほど」

「コラムが会社の情報を有利に扱ってるって感じられるのも関係ないってことだ」

「確かにコラムを提供している会社が、自分の会社を一切有利に扱わないなんて、誰も思わないですからね」

「そういうことだ」

「じゃあ、コラムの内容が有益だって感じられることと、長期的な関係を構築しようと感じられることが、ロイヤルティの向上に役立つって、結論付けていい訳ですね」

「それが、そうとも言い切れないいんだ」

「そうなんですか？」

「それを今から説明する」

そう言うと、野沢はホワイトボードに向かった。

3　検定

正規分布と有意水準

アンケート調査などの量的調査で得られた結果に、統計的に意味があるのかどうかを検証しようとする際、理解しておくべきことがあります。それは、正規分布と有意水準についてです。

正規分布とは、世の中にあるデータは、平均値の付近に多く集まり、平均値から離れるほど、その数は減っていくという傾向のことです。たとえば、日本の17歳の男子全員の身長を計測してグラフを作ったとします。すると平均身長である約１７０㎝を頂点にした左右対称の山のようなグラフができます。釣鐘の形に似ているので、ベルカーブと呼ばれることもあります。

アンケート調査も同様で、「7：非常にあてはまる、5：あてはまる、1：全くあてはまらない」といった7段階で回答してもらうと、真ん中の3・5あたりが平均値となり、そこを

図表３-９：正規分布

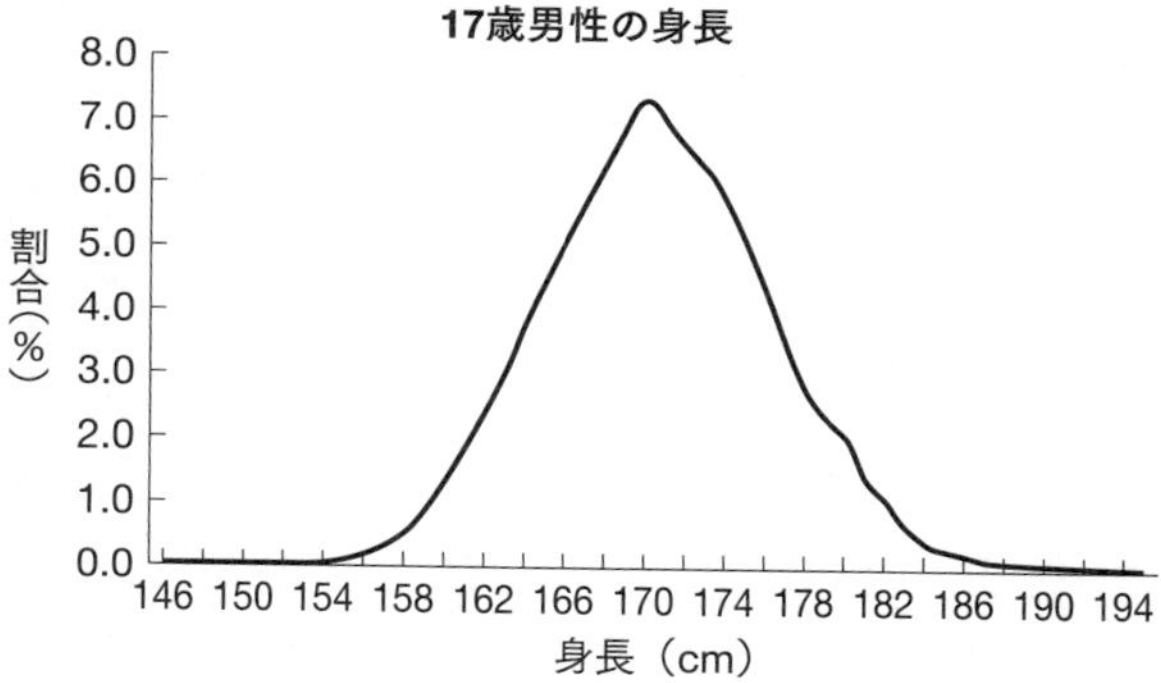

頂点とした左右対称の山になります。

この平均値を頂点とした山になるデータのパターンが正規分布です。そして、何かしらの調査で正規分布のデータが得られた際、それが「偶然なのか」、それとも「統計的にあり得るのか」を確認するのが「検定」なのです。

検定は「偶然に起こる確率」である有意水準を設定して行われます。多くの場合、５％（０・０５）か１％（０・０１）に設定されることがほとんどです。

t検定

何かしらを実施した前後の平均値を比較して、その差が偶然（意味がない）かどうかを検定する方法に「t検定」があります。平均値が「増えること」か「減ること」かのどちらか一方向に変化することを「決め打ちして」調べる「片側検定」と、どちらの方向も調べる「両側検定」の2つがあります。また、同じ調査対象から得られた平均値を比較するのが「対応のある」t検定、異なる対象から得られたものを比較するのが「対応のない」t検定です。

ミッション15　仮説を数値で検証せよ②

「つまり、平均値が上昇していても、t検定をしてみないと、それが偶然なのか、そうでないのか、言い切れないってことですね」

青山はホワイトボードに野沢が描いたグラフを眺めて言った。

「ああ」

「今回の場合は、同じ対象者に同じ質問をしているので、対応関係のあるt検定。コラムを読んだ後に、対象者の認識や態度がよくなるか、それとも悪くなるか、どちらも見たいから両側検定になるってことですね」

「その通りだ」

図表 3-10：両側検定で有意水準を 5%にしたグラフ

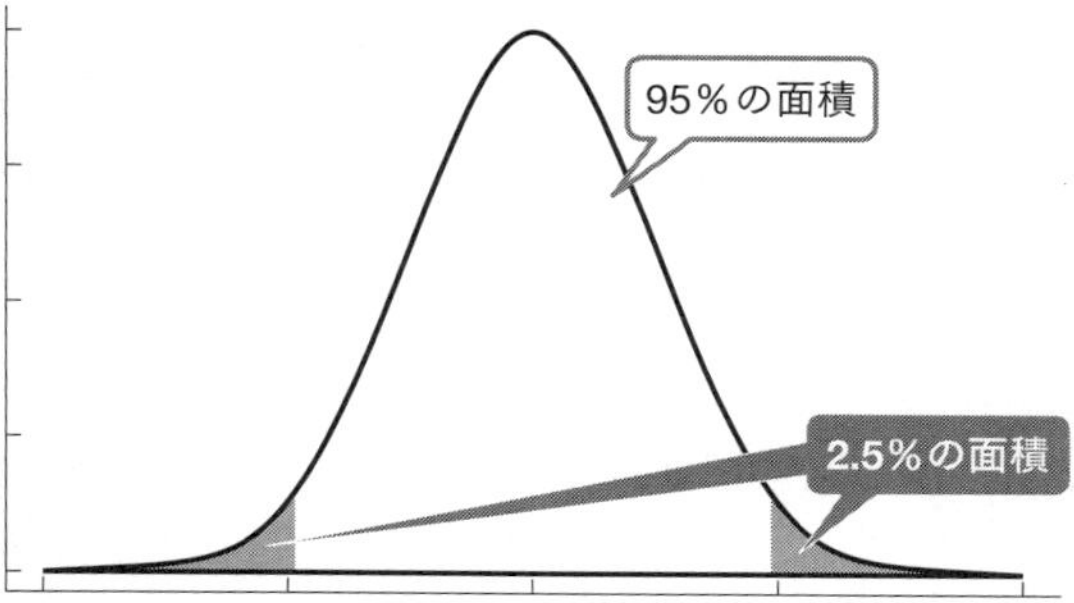

「そして有意水準を5％に設定すると、残り95％の中に全ての対象者が含まれるから、95％確率で偶然ではない、って言い切れるってことですね」

野沢はノートパソコンの表をプロジェクターで投影した。

「ウチの潜在顧客にコラムを読んでもらえたら、購入意向も、推奨意向も、有利な解釈意向も、全て上昇して、それが偶然じゃないって、証明できたってことですね」

青山が嬉しそうに言った。

「そうだな。ただし、コラムの内容を有益な情報だと感じてもらうか、すぐに営業したがっているんじゃなくて、長期的な関係を構築しようと思っていると感じてもらうか、どちらかが必要だけどな。逆にインター

図表3-11：t検定の結果（コラムを読む前後）

	読む前		読んだ後		結果	
	平均	標準偏差	平均	標準偏差	平均差	有意確率
【購入】製品・サービスを購入したい	3.58	1.32	3.67	1.27	0.09	0.002
【推奨】製品・サービスを他人に勧めたい	3.50	1.28	3.64	1.27	0.14	0.000
【有利に解釈】仮に不祥事等の問題を起こしても信じて支持・応援したい	3.00	1.38	3.19	1.38	0.19	0.000

ネット広告で個人的な情報を取られることに抵抗感があることや、コラムの内容がウチの製品やサービスを有利に扱うことは、ロイヤルティの形成には、全く影響しないってことだな。なかなかの発見だ」

「このSDっていうのは、どういう意味ですか？」

「Standard Deviationの略で標準偏差、つまりデータのバラつき度合いのことだ。有意確率が0・05以下だったら、バラつきが違うものに変化したと言えるんだ」

「標準偏差って、どうやって求めるんですか？」

「一つひとつのデータから平均値を引く、こ

図表3-12：分散と標準偏差

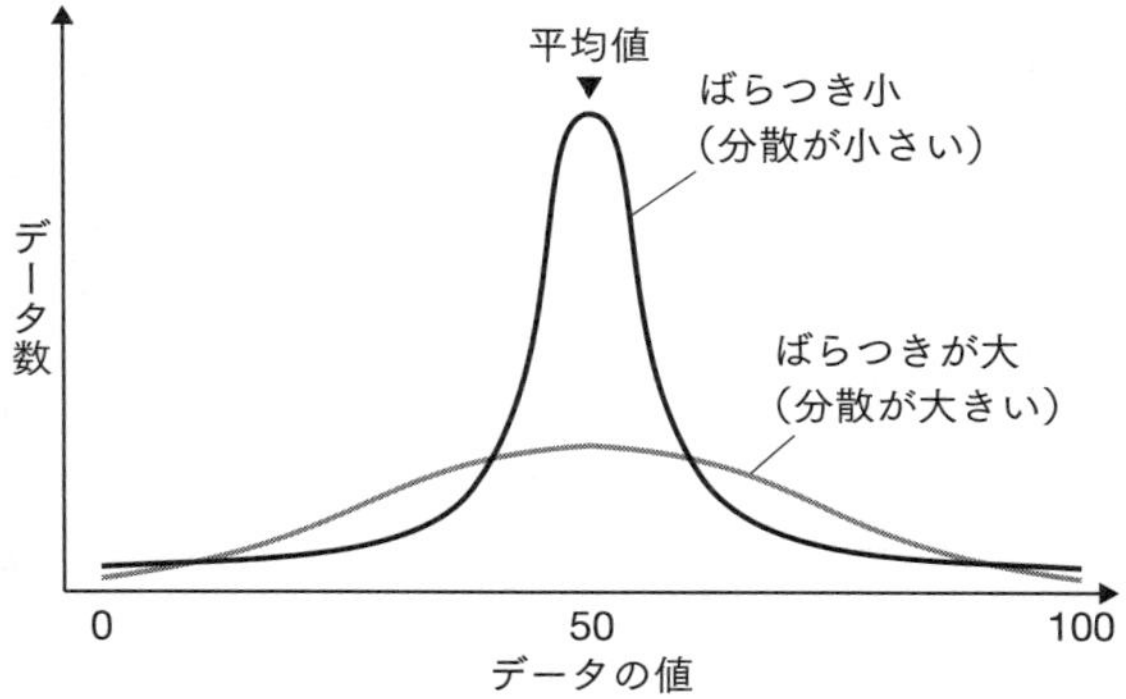

分散の計算方法

データnコをx_1，x_2，$x_3 \cdots x_n$とする

平均　$\bar{x}=\frac{1}{n}(x_1+x_2+x_3+\cdots+x_n)$

分散　$S^2=\frac{1}{n}\{(x_1-\bar{x})^2+(x_2-\bar{x})^2+\cdots+(x_n-\bar{x})^2\}$

標準偏差　$S=\sqrt{S^2}$

れが偏差なんだが、その偏差をそれぞれ2乗して、全部足したものをデータの個数で割ったものが分散、つまりデータのバラつきだ」

「何で2乗するんですか？」

「プラス（＋）の数値とマイナス（－）の数値があると、単純に比べにくくなるからだろうな。2乗すれば、数値は必ずプラスになる。でも2乗するから数値が無駄に大きくなることがある。だから分散の平方根つまり√（ルート）を取ることで、

2乗した数値を元に戻して分かりやすくしたものが標準偏差だ。統計では、この標準偏差が使われることがほとんどだな」

4 回帰と分類

アンケート分析の定番

アンケートを実施した後にデータを分析する方法の定番に「回帰」と「分類」があります。

回帰とは、原因となる何かしらの数値の変化（説明変数）で、結果となる数値（目的変数）が変化するという関係を数式で示すことです。たとえば、あるお店全体の売上を目的変数とした時に、来客数が増えるごとに、売上がどれくらい増えるのかを推計するのです。説明変数が1つの場合を「単回帰」、来客数だけでなく、店頭に並べた商品数や投入したスタッフ数など、説明変数が複数ある場合を「重回帰」と呼びます。

分類とは、文字通りアンケートの回答者を、何かしらの切り口でグループ分けして、パターンを見出すことです。

図表 3-13：最小二乗法

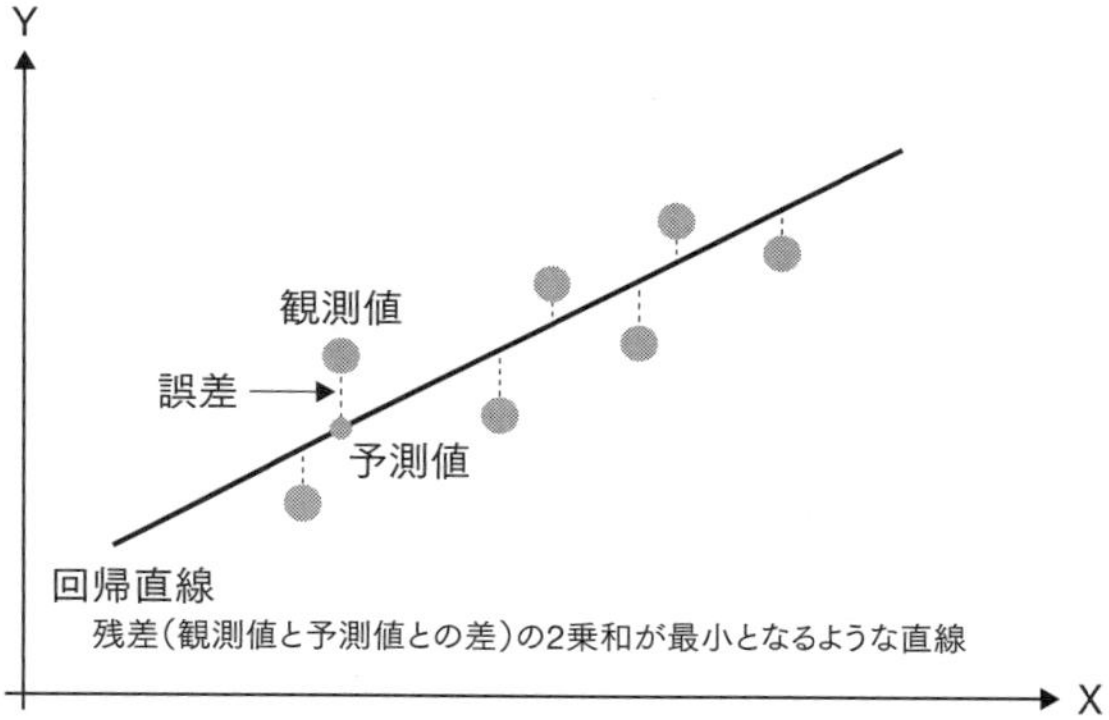

線形回帰

回帰分析の代表的な方法に「線形回帰」があります。単回帰の例で紹介すると、$y=a \cdot x+b$ という形で表すものです。

xとyの関係を求める際には一般的に「最小二乗法」を用います。あるxに対するyの値（実測値）と、$y=a \cdot x+b$ で求めた値との差（誤差）を求めます。この誤差を全てのxで計算し、合計を最小化するように、aとbを計算する方法です。

ただし、誤差はマイナスの場合もあるため、誤差を2乗することで、全てプラスの値にし、その合計を最小にするようにします。

図表 3-14：決定木

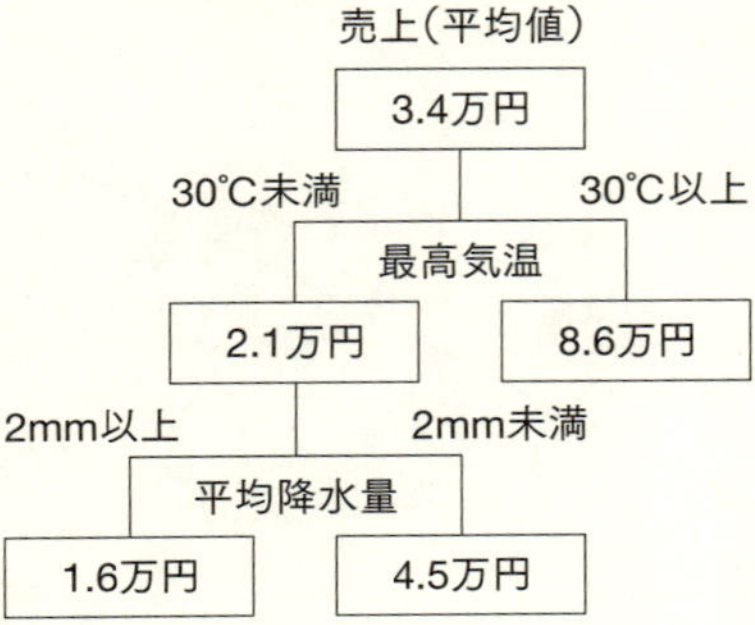

決定木

分類の代表的な方法に「決定木」があります。

決定木とは、目的変数（例：ある店のアイスクリームの売上）に影響する説明変数（例：気温や平均降水量など）を明らかにして、説明変数の構造を樹木状のモデル図として作成する分析方法のことです。たとえば、休日で、気温が30度以上で、雨が降らない場合に、アイスクリームがよく売れる、といった具合に構造化します。決定木の分岐点となる説明変数の内容や水準は、目的変数を最も高い精度で分類できるように（＝アイスクリームの売上の差が大きくなるように）設定されます。

決定木による分析は視覚的に把握できるので解釈が簡単というメリットがある半面、一度分析しただけだと誤差が大きくなってしまうため、複数回実施して精度を高めなくてはならないというデメリットもあります。

ミッション16　仮説を数値で検証せよ③

プロジェクターに映し出された表計算ソフトの画面を見て、青山が野沢に尋ねた。

「回帰分析をすると、$y=a \cdot x+b$ って式が得られるじゃないですか？　$a \cdot x$ の a は0・9みたいに1に近づけば近づくほど線が右肩上がりになって、y の数が増えやすくなるっていうのは分かったんですけど、この切片と呼ばれる $+b$ は、何のことなんですか？」

「たとえば、ある商品のテレビ広告をしたとするよな？　でも、広告なんかしなくても、元々の商品の売上がある訳だろ？」

「はい」

「それが切片、つまり $+b$ にあたるものだよ。目的変数の y は商品全体の売上、x が広告費、$+b$ が元々の売上って訳だ」

「なるほど」

「そして傾きであるaが0・9だとして、広告費に1億円かけたら、9千万円の売上アップが見込める、っていうように予測に使うことができるんだ」

「じゃあ、アンケートの結果はどうなんですか?」

「アンケートの回答に『7:非常に当てはまる』とか『1:全くあてはまらない』って点数をつけてるリッカート尺度は、順序尺度と言って、厳密な意味での数値データじゃないからな」

「数値データじゃない?」

「そうだ。まず、0(ゼロ)という、データが完全に存在しない、って状態がないことと、点数と点数の間隔が常に等しいとは限らないからさ」

「等しいとは限らない?」

「だって、今回のアンケートだと、対象者に7段階の点数のどれかを、強制的に選ばせてる訳だろ。『6:あてはまる』が『2:あてはまらない』の3倍大きいとは単純に言い切れないだろ?」

「確かに」

「だから他の数値データと同じように回帰分析とかをやろうとするなら、データを適切に処理しなくちゃならないんだ」

「どんな処理をするんですか？」

「標準化という処理だよ。興味があれば、調べてみるといい」

「分かりました。でも……」

「でも、何だ？」

「この回帰式を作ったら、モデルができた、って言っていいんですかね？」

「言えなくもないが、かなり弱いな」

「弱い？」

「ああ。だって、こっちのアンケート項目の点数をこれくらい上げたら、あっちの点数がこれくらい上がりそうです、って予測してるだけだからな」

「それじゃダメなんですか？」

「ダメだな。広告か何かをやったら、その中のどの要素が、どれくらい効き目があったか知りたくなるだろ？　使ったタレントなのか、キャッチコピーなのか」

図表3-15：因子分析

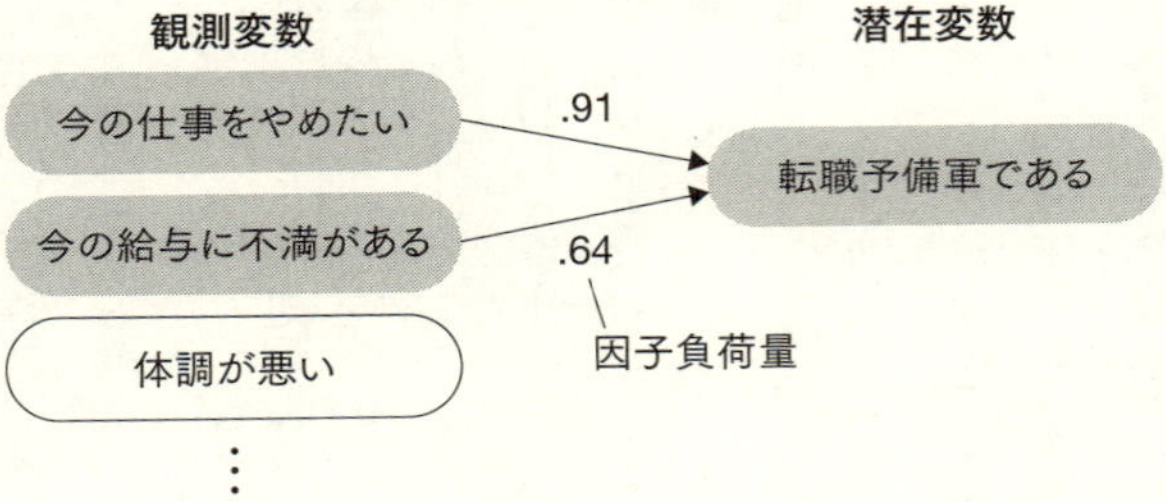

「そうですね」

「そのための方法があるんだよ」

5　因子分析

潜在的な変数を探り出す

因子分析は、テストやアンケート調査などの多くの結果の背後に潜んでいる何かしらの要因（潜在的な変数）を探り出し、影響の強さ（因子負荷量）を導き出すための方法です。学校の生徒の能力（知能）を研究するために開発されたと言われていますが、近年は消費者の心理を明らかにすることに使われることが定番となっています。

たとえばアンケート調査で、「今の仕事をやめたい」と「今の給与に不満がある」と回答した人たちをグループ化

図表3-16：主成分分析

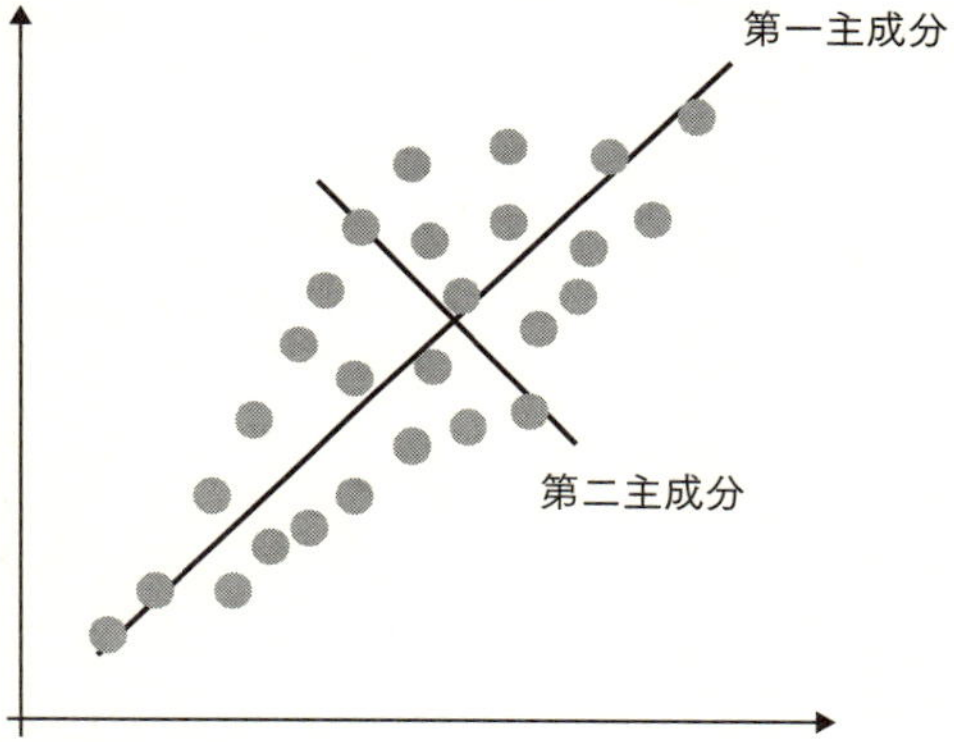

して、「転職予備軍である」という潜在的な変数を探るのです。

しかし、この因子分析は分析者の経験や技量によって、要因を探る精度やスピードに、どうしても差が出てしまうのです。そのため、事前に仮説を質的調査などで導き出しておくことが有効なのです。導き出された仮説を因子分析で検証することを、確認的因子分析と呼びます。

主成分分析

因子分析とよく似た方法として、主成分分析があります。因子分析が観測変数から潜在変数としてグループ化する切り口を探るのに対し、主成分分析は、数多くの観測変数の中から、それぞれの関係の強さ（主成分負荷量）によってグループ化します。

具体的には、全てのデータのバラつきが最大となる方向（軸）を求めて、その軸を第一主成分とします。第一主成分の直線と直角に交わる形でデータのバラつきが最大となる軸が第二主成分です。このように軸をどんどん作っていき、数ある変数の中からいくつかを選び、1つの次元に要約するのです。身長や体重という2つの観測変数から肥満度という1つの指標（潜在変数）を作る、と言えば分かりやすいでしょうか。

この主成分分析は、t検定や回帰分析、因子分析と同様に、データ分析ツールなどを使って、手軽にできるようになっています。

ミッション17　因果関係を示せ

「なるほど、こうやってモデル図で数値的な根拠を示すんですね」

野沢がホワイトボードに描いた因子分析のモデル図を見た青山は、興奮を抑えきれなかった。

「これでコラムの効果がデータで証明できたってことですね」

「完全に、ではないがな」

「完全じゃない？」

「そうだ。データに相関があることは分かったが、因果関係が明らかになった訳じゃないからな」

「因果関係？」

「ああ。t検定や線形回帰もそうだが、そういったものは、データの関係がどれぐらい強いのかを表すだけのものなんだ。だから因果関係、つまり原因と結果が特定できた訳じゃない」

「そうなんですね」

「ただ、この分析結果を見れば、誰もが納得すると思うがな」

「もし、もっと調査して、因果関係も証明するとしたら、どんな方法があるんですか？」

「そうだな。もしやるなら、コラムを読んだ人と読まなかった人に分けて調査するかな」

「どうしてですか？」

「たとえば、調査期間が1カ月あったとしたら、ウチの潜在顧客がロイヤルティを上げた原因は、コラムだけとは限らないだろ？　コラム以外のコンテンツを見たり、ウチの社員と何

図表3-17：差分の差分法

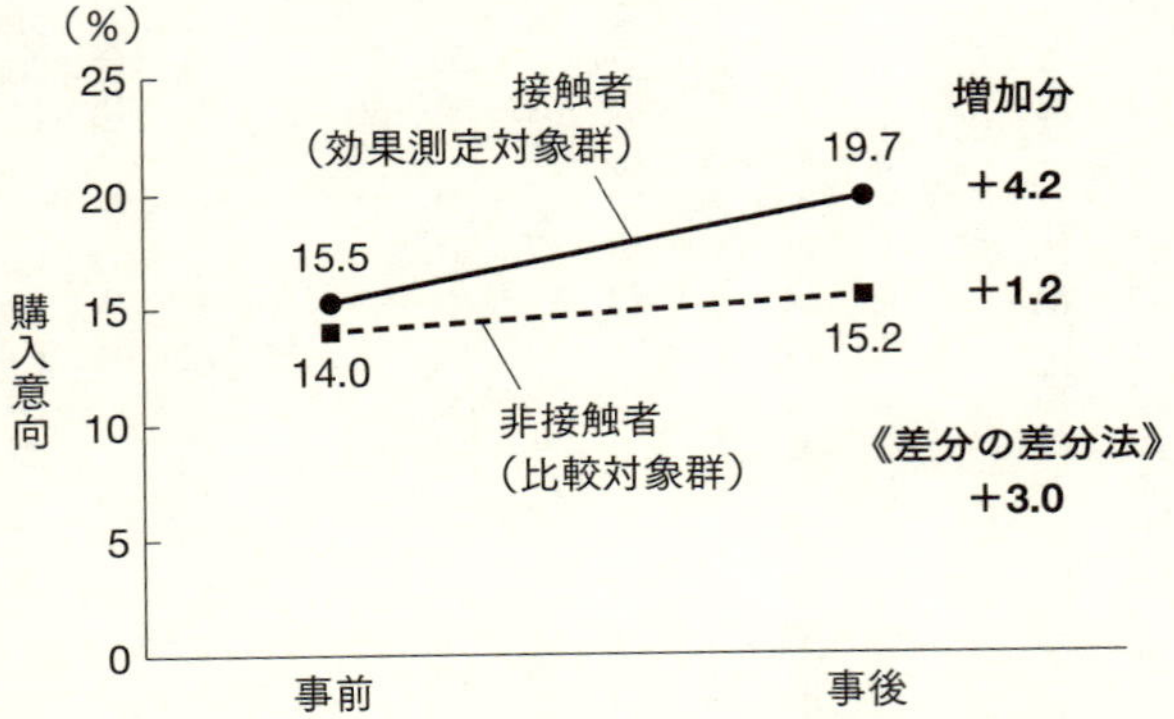

（出所）野村総合研究所「INSIGHT SIGNAL」

かしらの接点を持ったりしたことが理由かもしれないし」

「そうですね」

「コラムを読んだか読まないかだと状況が複雑だから、アイスクリームの広告を例にしよう。ある企業が一定期間、アイスクリームの広告を出していたとして、その期間中に広告を見た人と見なかった人のグループに調査対象を分けて、後で比較するんだよ」

「なるほど」

「同じ対象者に広告を出した期間の前後で、そのアイスクリームが食べたいかっていう同じ質問をして集計すると、どれくらい食べたいっていう購入意向が増えたか比較できるんだ」

「つまり、広告を見て食べたくなった人たちと、たまたま暑かったり、店頭で見かけたりして食べたくなった人たちの差が分かる訳ですね？」

「その通りだ。それを差分の差分法と呼ぶ」

「よく広告を見る人は、元々購入に積極的だったりするからな。元々の差も考慮することで、より一層、因果関係がありそうだってことを推定することができるんだ」

「なるほど」

「じゃあ最後に、量的調査の典型的なモデル図を作る方法を教えようか」

6　構造方程式モデリング

データ同士の関係をモデル図で説明する

構造方程式モデリングとは、複雑なデータ同士の関係を、モデル図で分かりやすく説明するための分析方法です。回帰分析のような従来の統計的な分析方法では、「AならばBである」といった形で単純に検証することこそ可能でしたが、複雑な要因が絡み合ったものの検

図表3-18：構造方程式モデリング①

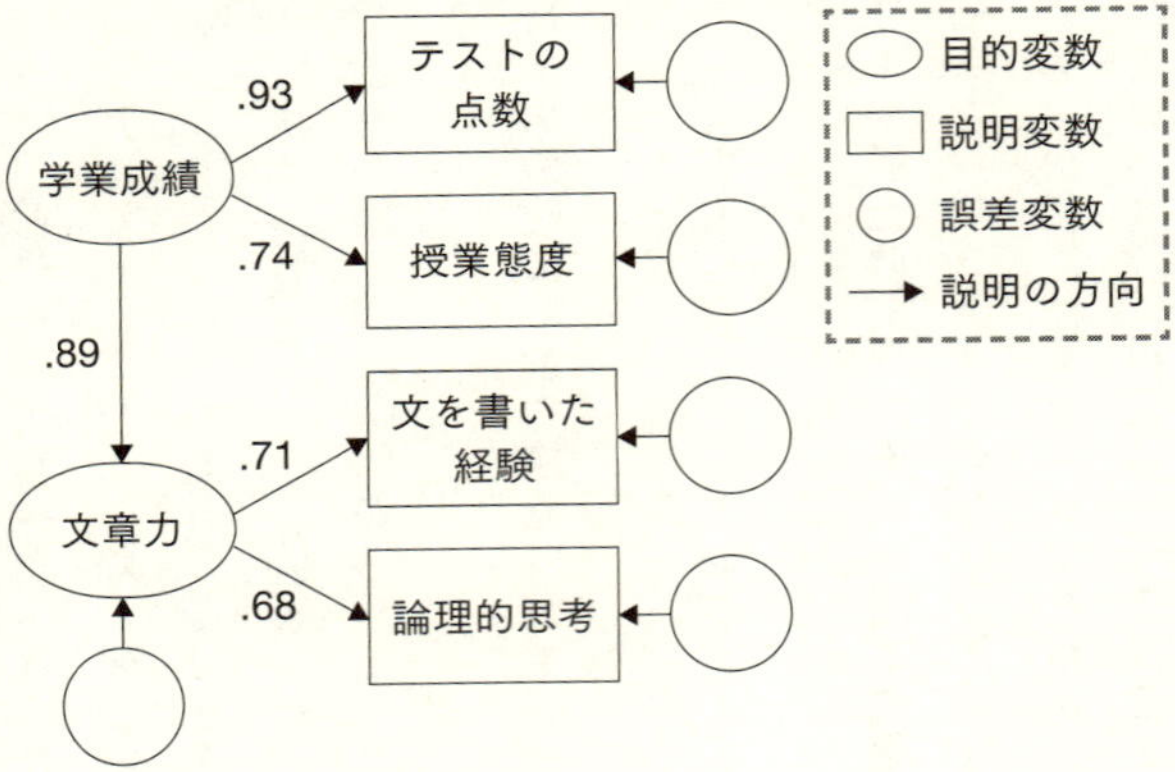

証には不十分でした。つまり「Aの原因としてBとCの2つがある。Cの原因はDとEであり、AはCに影響している」といった状況です。このような状況では、分析を何度も繰り返さなければなりませんでした。また、そのように分析を繰り返していくと、誤差が蓄積していってしまうという問題もありました。

それらの問題をクリアしてモデル図（パス図）を描き、それぞれのデータ（変数）の関係性を統計的な根拠を持って示すことができるのが、構造方程式モデリングなのです。

たとえば、ある学校で、学業成績の高さは、テストの点数と授業態度の良さが要因であると特定できたとします。そして、文章力の高さ

図表3-19：構造方程式モデリング②

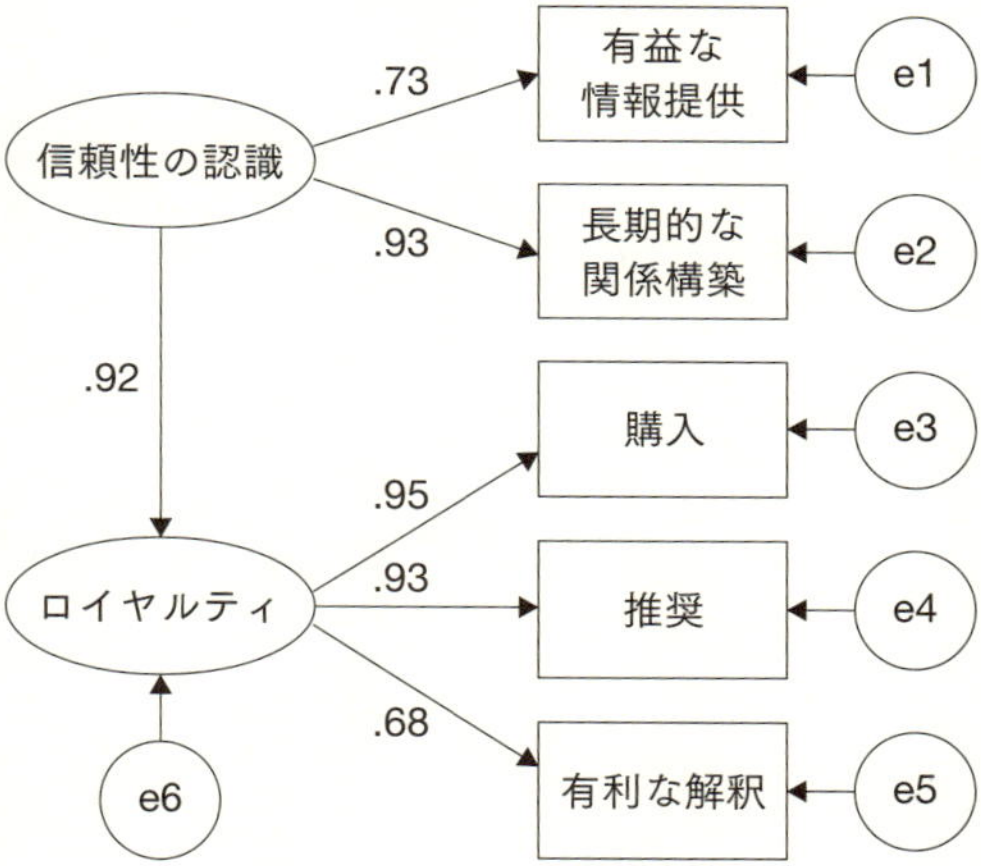

は、文を書いた経験の豊かさと論理的思考能力が要因であった場合、学業成績が文章力に、どの程度影響するのかを構造方程式モデリングで示せるということです。

ミッション　クリア

青山たちのデビュー戦となる1回目のリサーチプロジェクトは成功に終わった。

インタビュー調査で潜在顧客がコラムを読むことでロイヤルティを形成するまでのプロセスを克明に描き、コラムを読んでその有益性や長期的な関係構築に意欲を感じてもらうことが重要な要素であることを、アンケート調査で得た数値的な根拠を持って示せたからである。

加えて、質的調査であるインタビュー調査と量的調査であるアンケート調査が絶妙に組み合わされていることも、高評価のポイントだった。野沢が言うには、社内向けの調査はもちろん、社外の顧客向けのマーケティング調査などでも、インタビュー調査で仮説を構築して、アンケート調査の設問を導き出すことは、ほとんどないそうだ。

「そこまで手の込んだことを、俺たちはやったんだよ」

野沢は誇らしげに言った。

「さて、次は何をやるかな？」

「もう次の話ですか？」

「当たり前だ。これはデビュー戦だから評価が甘かっただけだ。本当の勝負はこれからだ」

「なるほど。でも……」

「なんだよ」

「人にぶつかるのは、ほどほどにしてくださいね」

「言いやがったな」

「えへへ」

「これからも頼むぜ相棒」

「こちらこそ」

青山と野沢は拳と拳を突き合わせた。

第4章

ビジネスのためのリサーチ10箇条（まとめ）

その1　最初にリサーチクエスチョンを立てるべし

全てのリサーチは、「リサーチクエスチョンからはじまる」と言っても過言ではありません。「何を明らかにしたいのか」という問いを立てることで、「おそらく、こうなのではないか」という調査すべき仮説が生まれ、調査した結果によって「誰が、どのように嬉しいか」という要件が整理できるようになるのです。

リサーチクエスチョンを固めるためには、実利を得ることができるステークホルダーを想像しながら、リサーチの内容を膨らませ、リサーチの範囲をより具体的にしていく「フレーミング」と、リサーチが現実的に実行可能になるように、制約条件を勘案しながら調査内容を決めたり、当初想定した調査案の実行が難しい場合には、代替案を検討したりする「グラウンディング」を実施します。

フレーミングとグラウンディング

フレーミング

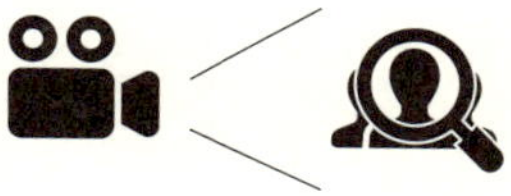

どの範囲にするか

グラウンディング

どこに着地させるか

その2　目標を定めるべし

リサーチ全体の目標を定める際には、SMART基準を使うとよいでしょう。Specific（具体的な）、Measurable（測定可能な）、Achievable（実現可能な）、Relevant（妥当な）、Timely（適時な）の頭文字を取ったこの基準を使うことによって、目標が具体的になり、プロジェクト内で共有しやすくなるのです。

目標が定まったら、達成するまでのロードマップとステップを描きます。そのことにより、「いつまでに」「誰が」「何を」「どれくらい」やるのかということを明確にします。

加えて、プロジェクトがどれほど進捗しているかや、調査の結果がどれほど顧客にとって有用なものになっているかを客観的に測定できる基準をあらかじめ作っておくことも重要です。

SMART基準

Specific **（具体的な）**	目標が具体的で、 誰にとっても分かりやすい ものであるか
Measurable **（測定可能な）**	目標が共通の尺度で 確認することが可能か
Achievable **（実現可能な）**	目標が現実的に 達成することが 可能なものか
Relevant **（妥当な）**	最終的な目的とマッチした、 妥当な目標であるか
Timely **（適時な）**	タイミングや時間的な制約が、 きちんと織り込まれている 目標になっているか

その3　仮説の精度を高めるべし

調査対象者のおかれた個別の状況や価値観などの違いにより、共通の調査項目を作ることが難しい場合は、仮説の精度をもう一段高める必要があります。そのためには、文献や公開されている情報など、様々な情報源を活用すべきです。

しかし、それでもなお、調査項目を作るのが難しいのであれば、仮説を生成することを目的として、ヒアリングやインタビュー調査などの質的調査を実施することも、選択肢の一つに入れるとよいでしょう。調査という大げさなものでなくても、複雑な条件などが組み合わさった一連のプロセスや構造をモデル化しようとする「質的なアプローチ」が、仮説の精度を高めるのに役立つことでしょう。

仮説の精度の高め方

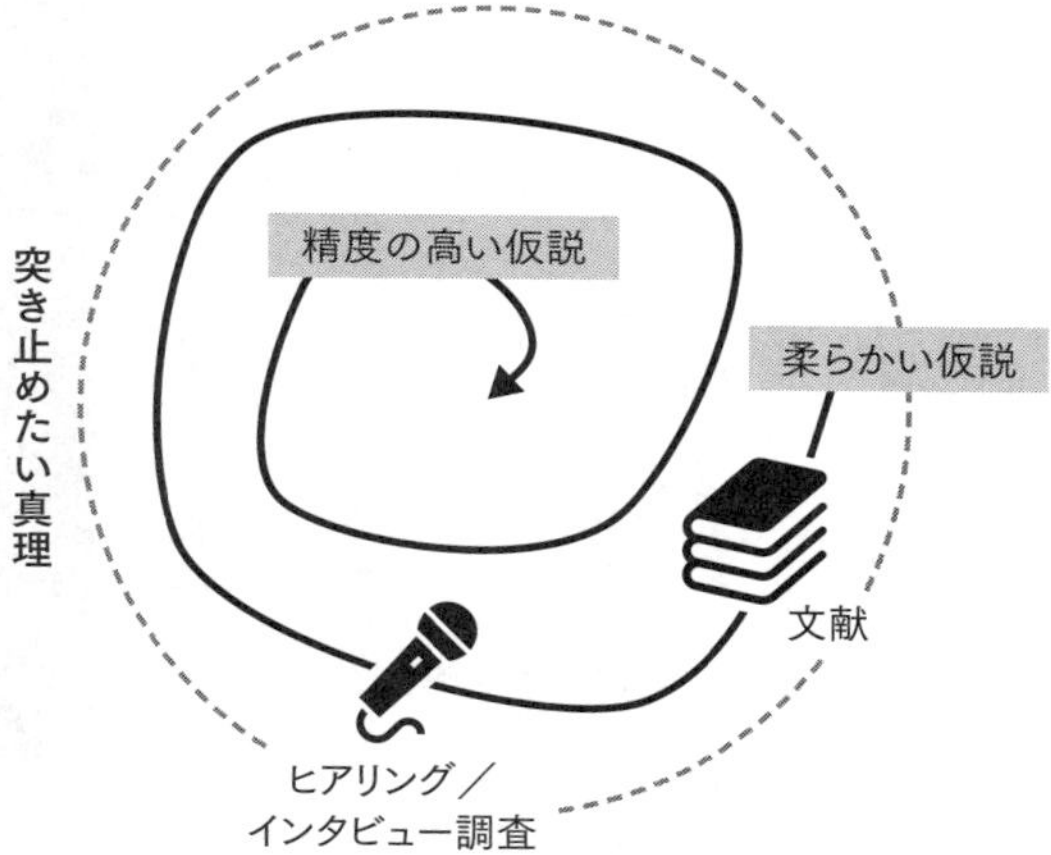

その4　適切な調査方法を選ぶべし

調査方法は質的調査と量的調査に大別できますが、どちらを実施すべきなのかは、状況によって異なります。

質的調査では、複雑な状況をモデル化して、量的調査の設問が作れるようにすることが、典型的なパターンになります。しかし、そもそも量的調査ができるほどのサンプルが存在しない場合は、対象者一人ひとりについての記述をより詳細にするなど、量的調査にはない分析の厚みで調査を完結させることもあります。

逆に、しっかりした仮説がある場合は、量的調査によって検証するのが典型的なパターンになりますが、あえて「緩い」設問を多めにして、探索的に何かしらの仮説を導き出すために使われることもあります。

仮説の生成と検証

	仮説の生成	仮説の検証
質的調査	少ないサンプルしか集められない調査対象を選ぶ	●記述を厚くする ●量的調査に接続する
量的調査	「あたり」をつけるために探索的な設問を多くする	数量的に検証する

その5　科学観の違いを理解すべし

量的調査と質的調査では、ベースとなっている科学観が違います。

量的調査には「世の中に客観的な基準と呼べるものが存在する」という科学観が根底にあります。だから、「同じ条件であれば、誰がやっても、同じ答えになる」という数学や科学の公式や統計学が成り立っているのです。これを客観主義・実証主義と呼びます。

しかし、質的調査は「世の中に客観的な基準と呼べるものが存在しない」という科学観をベースにしています。これを構成主義・解釈主義と呼びます。ですから、数の「多い／少ない」や、何かが「ある／ない」といった一時点で捉えることができる単純なものは、調査の対象にはできないのです。そのため、「どれだけ詳しく、複雑な状況が説明できるか」が問われるのです。

科学観の違い

	量的調査	質的調査
ベースとなっている科学観	客観主義 実証主義	構成主義 解釈主義
考え方	世の中に客観的な基準と呼べるものが**存在する**	世の中に客観的な基準と呼べるものが**存在しない**

その6　結果の示し方をイメージすべし

リサーチの結果を示すためには、必ずしも立派なモデル図などを作らなくてはならないという訳ではありません。たとえば、アンケート調査の結果をクロス集計して、性別や年齢など、ある集団と別の集団の違いを明らかにするだけでも十分ということがあります。または、単純に「ある広告を見た人／見なかった人」というように調査対象を分けて、単純に比較するだけで済むこともあるのです。

重要なことは、顧客が求めていることに、どれだけリサーチの結果で応えられるかを常にイメージすることです。そうしないと、「リサーチのためのリサーチ」となってしまい、顧客のニーズに合わないものが出来上がってしまうリスクがあるのです。

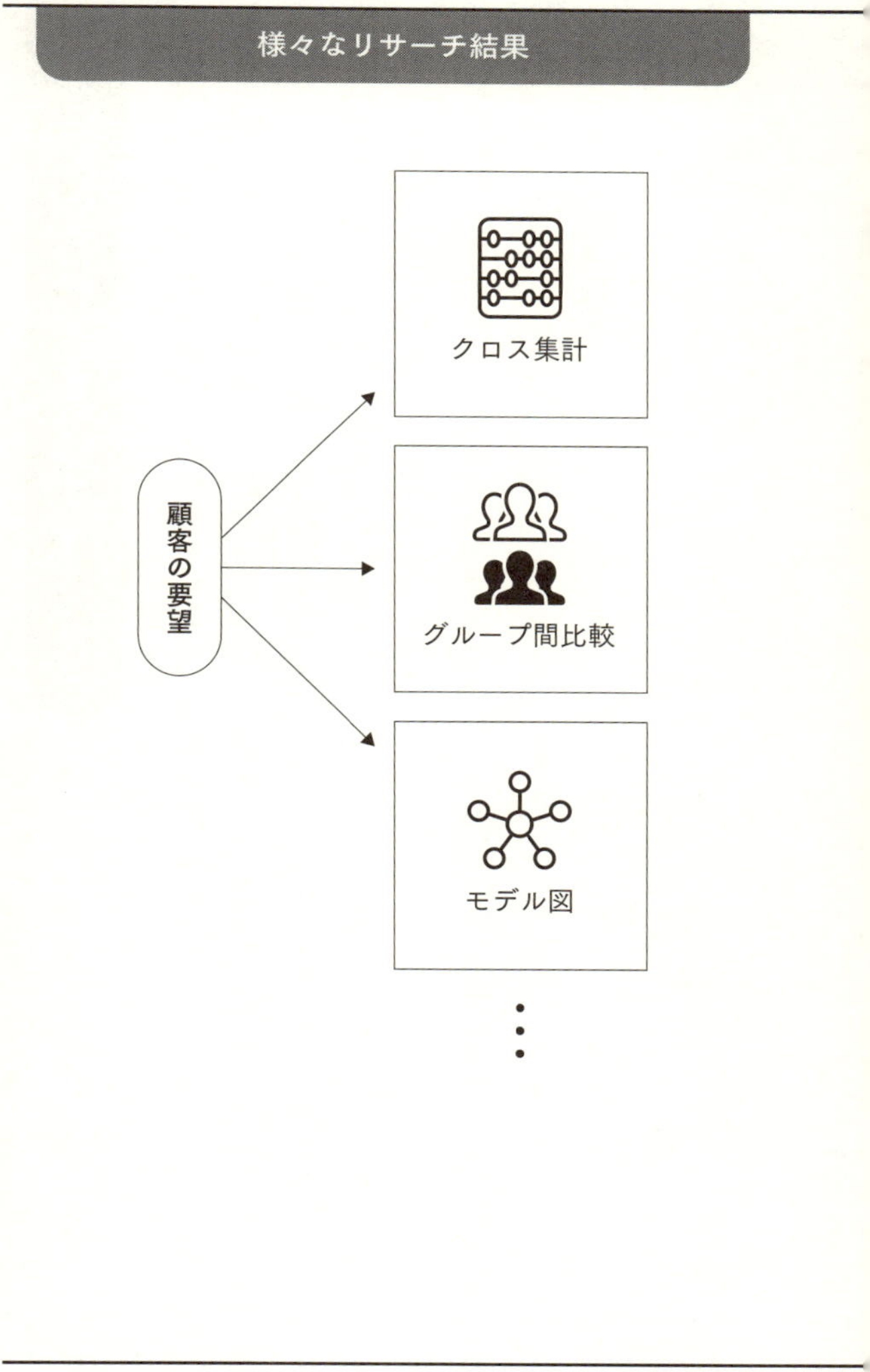
様々なリサーチ結果
顧客の要望
クロス集計
グループ間比較
モデル図

その7　適切な調査対象を選ぶべし

調査対象は、たとえ質的調査であっても、明確な根拠を持って、バランスよく選ぶ必要があります。対象を選定した理由を明確に説明できず、集まったサンプルが偏ってしまっているとしたら、調査の過程に疑念を持たれてしまい、リサーチの結果が信頼性の低いものになってしまいます。そのような場合は、国が公開している産業分類を活用するなど、対象者を偏りなく選ぶとよいでしょう。

量的調査は、アンケート調査会社に依頼すると、年齢や性別などのグループが均等な数になるようにサンプルを集めてくれます。これを均等割付と呼びます。しかし、調査対象とするグループの年齢層などに大きな差がある場合には、人口構成比割付でサンプルのバランスを取るとよいでしょう。

均等割付と人口構成比割付

均等割付

	男性	女性
20代	50	50
30代	48	50
40代	46	50
50代	44	50
60代	42	50

人口構成比割付

	男性	女性
20代	50	48
30代	56	52
40代	62	56
50代	68	60
60代	76	73

その8　適切な設問を作るべし

質的調査でも量的調査でも、設問はなるべくシンプルで分かりやすいものである必要があります。

特にアンケートなどの量的調査は、原則として質問し直すことが不可能ですので、一読して頭に入り理解できるものであるべきです。設問に複数の要素が含まれていて、どれについて回答すればよいのか分かりにくかったり、設問文が長すぎたりすると、正確な回答が得られないばかりか、回答すらしてもらえない恐れもあります。

また、特定の方向に回答を誘導しないことも、質的調査と量的調査の両方に求められることなのです。

量的調査の設問作成（ポイント）

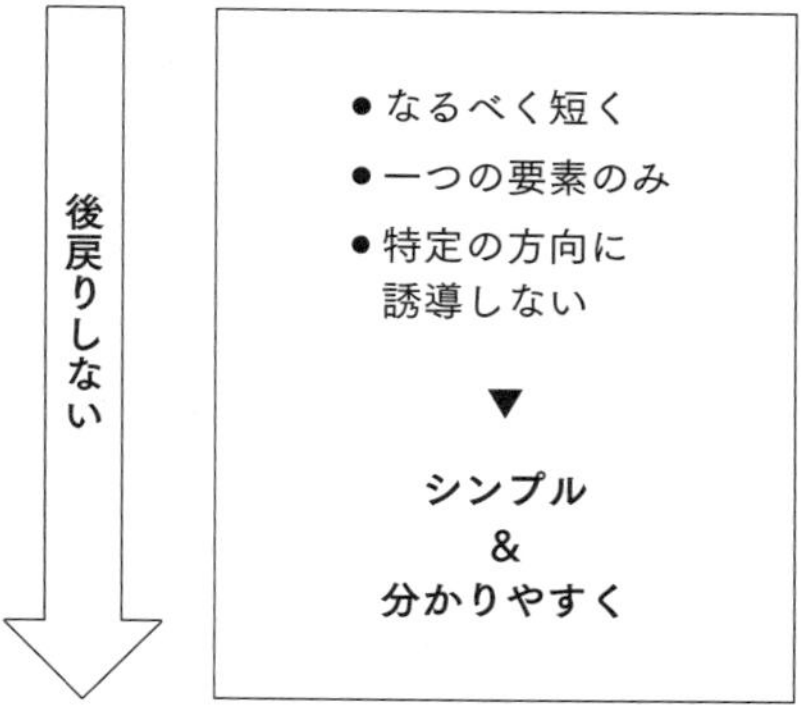

その9　統計的に裏付けすべし

たとえば、あなたの会社がイメージアップを目的にした広告を出したとして、その後に会社の好感度がアップしたとします。

広告を出す前に好感度を調査していたとして、その平均値がアップしていたら、「広告の効果があった」と結論付けるのは早計だということは、ご存じの通りです。数値の変化が偶然ではなく、統計的にあり得ることを裏付けるためには「検定」をしなければならないことを思い出してください。

また、広告に出演しているタレントやキャッチコピーなど、「どの要素が」「どれくらい」実際に好感度アップに寄与しているかについては、因子分析を行う必要があります。

検定と因子分析

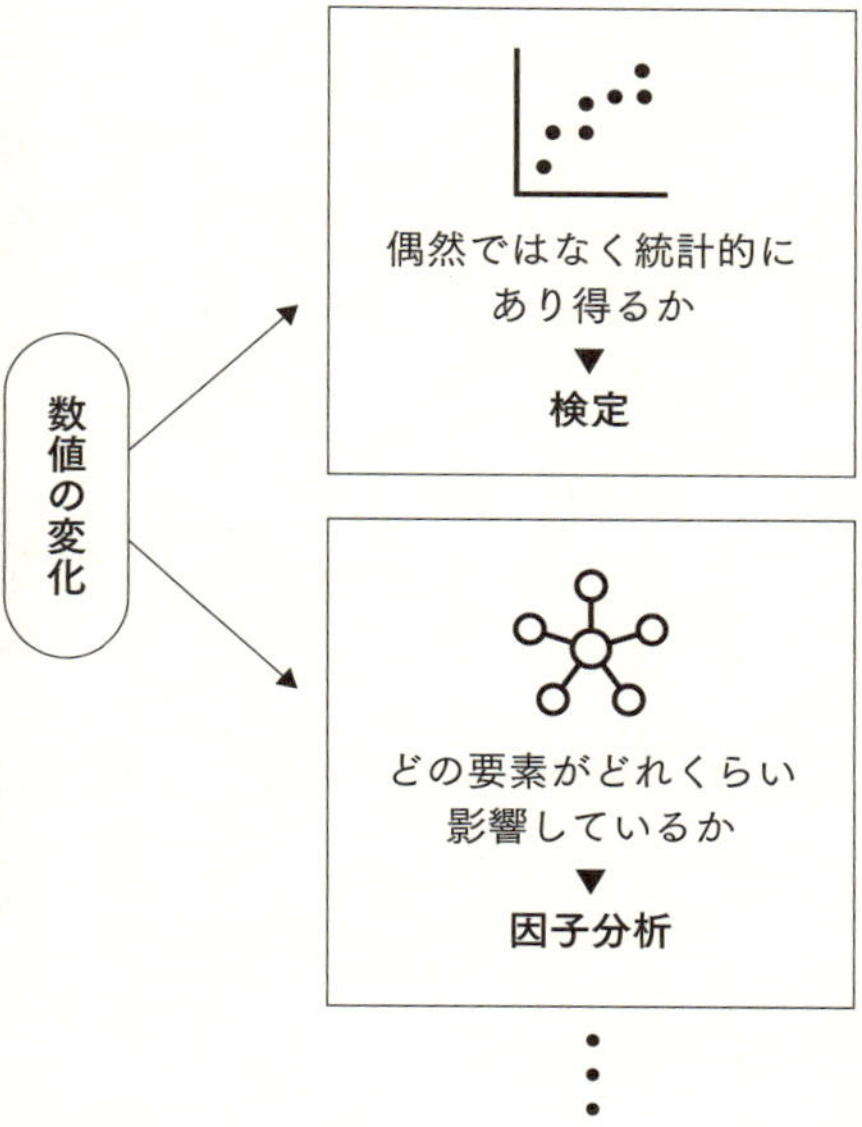

その10　納得感のあるモデルを作るべし

リサーチの結果として顧客に提示するモデル図などは、精度が高いほどよいとされていますが、どうしても複雑になってしまい、顧客に理解しにくいものになってしまいます。

一方、商品を購入する条件を樹木状のモデル図で分かりやすく示すことができる決定木は、誤差が大きくなってしまいます。そこで決定木分析を機械的に繰り返して行う手法を使うと、決定木が持つ「分析結果の分かりやすさ」が失われてしまうのです。

このように「分析の精度」と「分析結果の分かりやすさ」はトレードオフの関係にあると言えます。ですので、顧客の理解度などに応じながら、そのバランスを取るモデル図作りが求められるのです。

分析のトレードオフ

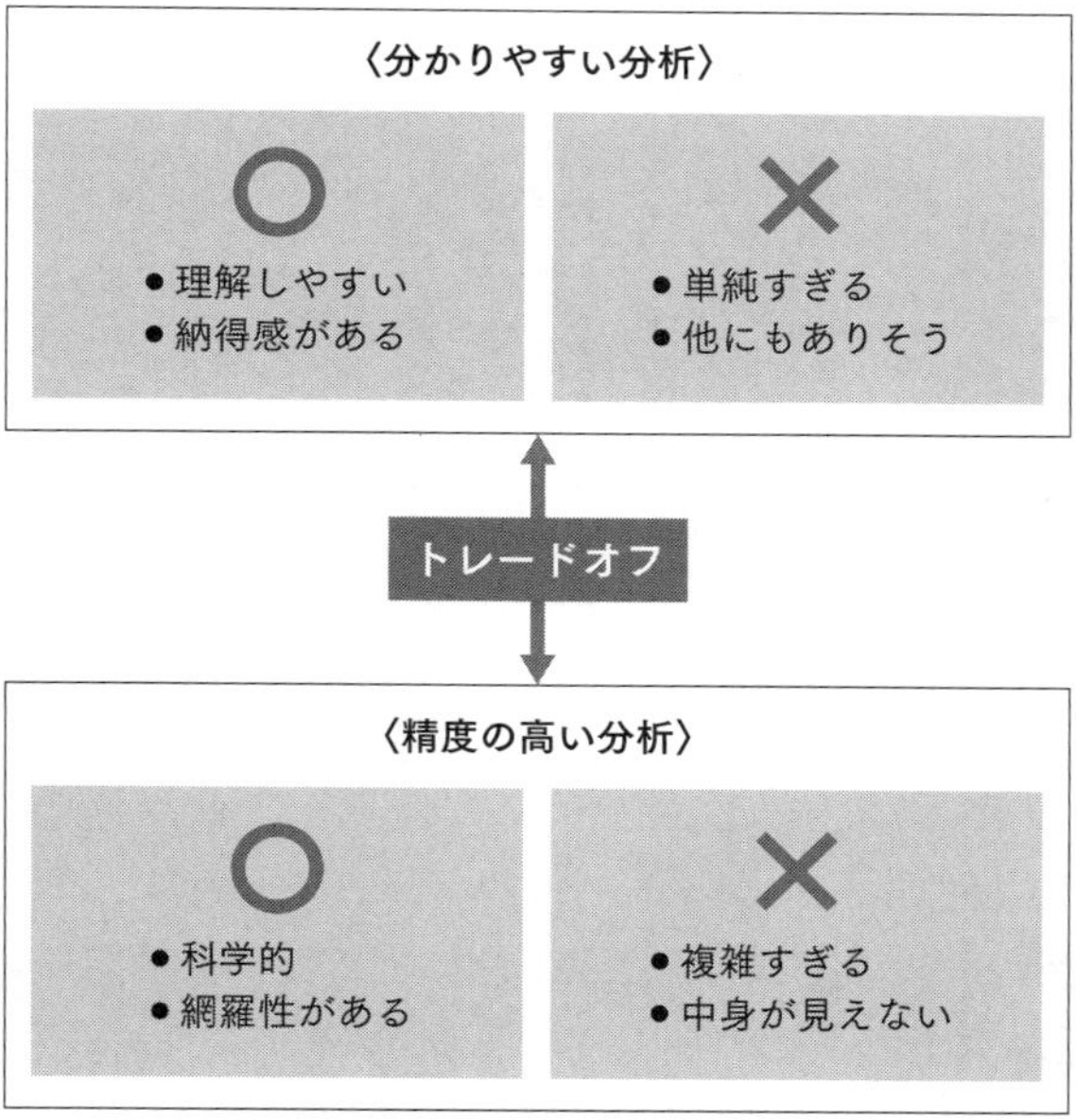
〈分かりやすい分析〉
○
● 理解しやすい
● 納得感がある
×
● 単純すぎる
● 他にもありそう
トレードオフ
〈精度の高い分析〉
○
● 科学的
● 網羅性がある
×
● 複雑すぎる
● 中身が見えない

おわりに

最後までお読みいただき有難うございました。

本書をお読みいただいたことで、「調査」「リサーチ」という言葉が持つ「重さ」や「堅苦しさ」が、少しでも和らいだのであれば、これほど嬉しいことはありません。

何を隠そう、私は数学が苦手だという安易な理由だけで、統計を使わなくて済む大学院（修士課程）を選びました。修士論文を書かなくてはならないと分かっていたので、先輩方が書かれた論文を一読してみましたが、分析結果である回帰式などの数式の数々を見て、「これは自分には無理だ」と思ってしまったのです。

だからと言って、インタビュー分析を使った質的研究が楽だった訳ではありません。むしろ沢山出てくる「○○主義」といった難解なアカデミック（学術的）ワードに圧倒され、安易に質的研究に走った自分の浅はかさに落ち込みました。

その後、何とか修士論文を書き上げ、博士課程に進んだ私を待ちうけていたのは、「量的研究もしないと、卒業出来ないよ」という教授からのお言葉でした。

結局、量的研究も加えてすることになった私の胸に去来したのは、「どうして、もっと分かりやすい調査・リサーチの入門書がないのだろう？」という疑問でした。その後も根強く残ったその疑問が、私に本書を書かせたのだと思います。

今後、読者の皆様が、さらに調査・リサーチについて知識を深めたいのであれば、質的調査については『ライブ講義・質的研究とは何か』（西條剛央著、新曜社、2007年）、量的調査については『統計学が最強の学問である』（西内啓著、ダイヤモンド社、2013年）を本書の次に読まれることをおすすめします。

ようこそ、辛くて楽しい、調査・リサーチの世界へ。

〈H〉実用外国語

17 はじめてのビジネス英会話　セイン・森田
18 プレゼンテーションの英語表現　セイン／スプーン
19 ミーティングの英語表現　セイン／スプーン
20 英文契約書の書き方　山本孝夫
21 英文契約書の読み方　山本孝夫
22 ネゴシエーションの英語表現　セイン／スプーン
23 チームリーダーの英語表現　デイビッド・セイン
24 ビジネス英語ライティング・ルールズ　森田・ヘンドリックス

〈I〉ビジネス・ノウハウ

3 報告書の書き方　安田賀計
22 問題解決手法の知識　高橋誠
24 ビジネス数学入門　芳沢光雄
28 ロジカル・シンキング入門　茂木秀昭
29 ファシリテーション入門　堀公俊
31 メンタリング入門　渡辺・平田
32 コーチング入門　本間・松瀬
33 キャリアデザイン入門[I]　大久保幸夫
34 キャリアデザイン入門[II]　大久保幸夫
35 セルフ・コーチング入門　本間・松瀬
45 考えをまとめる・伝える図解の技術　奥村隆一
47 プレゼンテーションの技術　山本御稔
49 戦略思考トレーニング　鈴木貴博
50 戦略思考トレーニング2　鈴木貴博
51 ロジカル・ライティング　清水久三子
52 クイズで学ぶコーチング　本間正人
53 戦略的交渉入門　田村・隅田
55 仕事で使える心理学　榎本博明
56 言いづらいことの伝え方　本間正人
57 ビジネスマンのための国語力トレーニング　出口汪
58 数学思考トレーニング　鍵本聡
59 発想法の使い方　加藤昌治
60 企画のつくり方　原尻淳一
61 仕事で恥をかかない日本語の常識　日本経済新聞出版社
65 コンセンサス・ビルディング　小倉広
66 キャリアアップのための戦略論　平井孝志
67 心を強くするストレスマネジメント　榎本博明
68 営業力　100本ノック　北澤孝太郎
69 ビジネス心理学　100本ノック　榎本博明
70 これからはじめるワークショップ　堀公俊
71 EQトレーニング　髙山直
72 プロが教えるアイデア練習帳　岡田庄生
73 実践！　1on1ミーティング　本田賢広
74 コンサルタント的　省力説明術。　小早川鳳明
75 データサイエンティスト入門　野村総合研究所データサイエンスラボ
76 ウェルビーイング　前野隆司・前野マドカ
77 ビジネス思考力を鍛える　細谷功
78 アサーティブ・コミュニケーション　戸田久実

ビジュアル版

マーケティングの基本　野口智雄
日本経済の基本　小峰隆夫
品質管理の基本　内田治
マーケティング戦略　野口智雄
ロジカル・シンキング　平井・渡部
ビジネスに活かす統計入門　内田・兼子・矢野
ビジネス・フレームワーク　堀公俊
アイデア発想フレームワーク　堀公俊
図でわかる会社法　柴田和史
資料作成ハンドブック　清水久三子
マーケティング・フレームワーク　原尻淳一
図でわかる経済学　川越敏司

著者略歴

広瀬 安彦（ひろせ・やすひこ）

野村総合研究所 未来創発センター 雇用・生活研究室 エキスパート研究員

明星大学経営学部　非常勤講師

1997年慶應義塾大学文学部人間関係学科卒業後、大日本印刷株式会社にてインターネットモールの企画営業などに携わる。2001年野村総合研究所入社。経営企画、組織・人材開発、広報に従事。北海道大学大学院国際広報メディア・観光学院にて博士後期課程を修了。博士（国際広報メディア）。専門は雇用・生活者のリサーチ。

日経文庫

ビジネスのための調査・リサーチ入門

2024年11月15日　1版1刷

著　者　広瀬安彦

発行者　中川ヒロミ

発　行　株式会社日経 BP
日本経済新聞出版

発　売　株式会社日経 BP マーケティング
〒105-8308　東京都港区虎ノ門 4-3-12

装幀　next door design
組版　マーリンクレイン
印刷・製本　三松堂

 ISBN978-4-296-12092-5
Printed in Japan

本書籍に関するお問い合わせ、ご連絡は下記にて承ります。
https://nkbp.jp/booksQA